租税の財政社会学

神野 直彦
池上 岳彦
編著

The Fiscal Sociology of Taxation

税務経理協会

はしがき

　本書を世に送り出そうとしている時，世界経済は大混乱に陥っている。この大混乱は，二つの世界大戦を経て形成されたパクス・アメリカーナ（Pax Americana）の終焉を告げる大団円だといってよい。

　こうした一つの時代が終わりを告げる歴史的転換期には，必ず租税制度の抜本的改革が政策課題となる。この世界的経済混乱とともに，日本で抜本的税制改革が課題となっているのも偶然ではない。

　本書は，歴史的転換期とともに改革される租税制度を財政社会学的アプローチから分析しようとしている。もっとも，財政社会学的アプローチといっても，確立された方法論が存在しているわけではない。それだからこそ相互に仮説を検証する共同研究が不可欠となる。本書はこうした共同研究のささやかな一歩である。

　本書で取り上げた分析対象は多様であるけれども，租税制度が経済的諸要素に与える影響を分析する経済学的アプローチを採用していない。それでは歴史的転換期に生ずる租税制度の変化を解明できないからである。

　本書ではトータル・システムとしての社会全体との関係で租税制度を分析しようとしている。こうした全体的アプローチを財政社会学的アプローチと，本書では位置づけている。

　財政社会学的アプローチでは，社会全体の動きと関係づけるために，歴史的分析と国際比較的分析を重視せざるをえない。しかも，租税制度の経済学的アプローチが租税制度の影響の事後的結果分析になるのに対して，租税制度の事前的形成過程の分析が重視される。そのために本書は歴史的分析，国際比較分析，形成過程分析に焦点が当てられている。

　本書の第1章「租税政策の形成過程」（神野直彦）では，多様な社会学的要因の相互作用として租税制度を分析する財政社会学が，シュンペーターに始まり，歴史的制度論アプローチ，オコンナーの研究等を通じて発展してきたことを確

認する。そのうえで，所得税及び法人税が先進国における戦後税制の基幹税であったこと，それがボーダレス化・グローバル化の波の中で動揺し，諸国で多様な税制改革が展開されてきたことについて整理し，租税政策をめぐる圧力要因と転換要因の錯綜過程に関する国際比較分析の重要性を強調する。

第2章「一般売上税をめぐる政府間関係と政策形成過程」（池上岳彦）は，日本とカナダの政府間関係を，一般売上税を事例として検討する。カナダでは，連邦が消費型付加価値税として「調和」のとれた税制を目指すが，州ごとに主張が異なるため，多様な税制が並存する。他方，日本では消費税導入の動きに合わせて地方消費税の構想が表面化したが，事業税の外形標準課税との関係が論点となり，総務省（旧自治省）と地方六団体の連携の下で両者とも実現された。政策形成システムは税源配分に多大な影響を及ぼすのである。

第3章「アメリカとカナダの租税政策」（池上岳彦，アンドリュー・デウィット）は，両国の税制がどのように，またなぜ異なるかを解明する。政府規模，税制，財政連邦主義等の制度において，両国は大きく異なる。同章では，アメリカにおいて個人責任や独立独歩の価値観が根強く，政治制度が分割されている中で最富裕層に有利な減税が繰り返されて財政赤字が深刻化したのに対して，カナダにおいて高水準の社会サービスと再分配システムへの支持が強固であり，アメリカ・モデルへの収斂が見られない実態を解明する。

第4章「エネルギーと環境の危機」（アンドリュー・デウィット）は，化石燃料の大量消費を主要因とする深刻な地球温暖化をめぐって，世界各国で取り組まれている対策を分析し，日本における対策の必要性と政策手段の可能性を論じる。同章は，とくに税財政制度の重要性を強調し，太陽光・風力・潮力といった再生可能エネルギーへの転換促進及び炭素税の導入について，諸外国と日本における利益集団等の動向を検討し，日本が抱える問題点を明らかにする。

第5章「財政社会学方法論に関する一覚書」（佐々木伯朗）は，日本とドイツにおける介護保険制度の政策過程を比較し，ドイツにおいて政党，労使団体，福祉事業者等の多方面にわたる議論の中から政策が形成されたのに対して，日本では政府与党という狭い枠内で政策が決定された，という意思決定過程の相

違を強調する。同章は，その前提としてドイツに「補完性原理」「協調的連邦制」等が存在したことをあげ，財政社会学においては社会構造に関する仮説を提示してそれを検証する方法が不可欠だと主張する。

　第6章「現代国家の変容と租税政策」(スヴェン・スタインモ) は，現代社会の変化が租税政策にどのような変化を与えるかを，スウェーデン，ドイツ，アメリカ及び日本の比較によって解明する。同章は，グローバル化への対応は国により異なっており，租税負担が低いことが経済成長に直結しないこと，高齢化の度合と移民政策の相違が各国の財政及び社会政策に多大な影響を及ぼすこと，政府への信頼が国により大きく異なることを明らかにし，アメリカが「グローバル・スタンダード」ではないことを確認する。

　本書は，神野を研究代表者とする科学研究費補助金「税制改革の策定過程に関する国際比較研究」(平成15～17年度，基盤研究 (B)，研究課題番号15330061) の研究援助を受けた成果でもある。その成果を世に出すことは，税務経理協会の峯村英治氏の熱意なしには実現しなかった。また，校正については立教大学大学院に在学する谷達彦氏の協力を得た。末尾ながら謝意を表するものである。

2008年10月

　　　　　　　　　　　　　　　　　　　　　　　　　　神野　直彦
　　　　　　　　　　　　　　　　　　　　　　　　　　池上　岳彦

目　　次

はしがき

第 1 章　租税政策の形成過程
　　　　──財政社会学的アプローチによる国際比較──

神 野 直 彦

 Ⅰ　財政社会学的アプローチ………………………………………………… 3
 Ⅱ　戦後税制の特質…………………………………………………………… 7
  1　所得税・法人税基幹税主義………………………………………… 7
  2　「日本型」戦後税制の特質 ………………………………………… 9
 Ⅲ　戦後税制の動揺……………………………………………………………12
  1　ブレトンウッズの合意………………………………………………12
  2　ボーダレス化・グローバル化………………………………………13
  3　問い直される戦後税制………………………………………………16
 Ⅳ　ポスト戦後税制の模索……………………………………………………20

第 2 章　一般売上税をめぐる政府間関係と政策形成過程
　　　　──日本とカナダの比較分析──

池 上 岳 彦

 Ⅰ　はじめに……………………………………………………………………25
 Ⅱ　カナダの租税政策における「財政連邦主義」と一般売上税…………26
  1　カナダの「財政連邦主義」─「大きな州政府」………………………26

1

2　一般売上税の現状………………………………………………29
　　3　戦後の一般売上税をめぐる政府間関係の展開………………30
　Ⅲ　日本における消費税と地方消費税………………………………41
　　1　一般消費税導入の動きと地方消費税
　　　　――事業税の外形標準課税との関連………………………41
　　2　消費税導入時における地方財源確保策……………………47
　　3　地方消費税の創設……………………………………………52
　　4　地方分権における税源移譲論と地方消費税………………58
　Ⅳ　カナダと日本の政府間税源配分をめぐる政策決定システム……59
　　1　カナダにおける税源配分論争と政策決定システム………59
　　2　日本の租税政策における政府間関係………………………62
　Ⅴ　おわりに…………………………………………………………64

第3章　アメリカとカナダの租税政策
　　　――どのように，そしてなぜ異なるのか――

池上岳彦
アンドリュー・デウィット

　Ⅰ　はじめに……………………………………………………………69
　Ⅱ　租税政策の展開……………………………………………………71
　　1　アメリカ………………………………………………………71
　　2　カナダ…………………………………………………………80
　Ⅲ　税制の米加比較……………………………………………………82
　Ⅳ　租税政策をめぐる財政連邦主義…………………………………86
　Ⅴ　租税制度の政治経済学……………………………………………91
　　1　収斂説の問題点………………………………………………92
　　2　コスト――その不明確な性質………………………………94
　　3　なぜ両国の相違が継続するのか……………………………97
　　4　理念，制度，そして利害関係者……………………………98

5　広がる所得格差の背景 …………………………………103
　Ⅵ　おわりに …………………………………………………105

第4章　エネルギーと環境の危機
　　　　──租税国家を経済的パラサイト扱いする政治を超えて──
　　　　　　　　　　　　　　　　　　アンドリュー・デウィット
　Ⅰ　はじめに …………………………………………………113
　Ⅱ　真の危機 …………………………………………………114
　Ⅲ　賢明な課税 ………………………………………………118
　Ⅳ　日本におけるタックス・ハンドルの機会 ……………121
　Ⅴ　米国から学べること ……………………………………125
　Ⅵ　ヨーロッパが世界をリードする ………………………130
　Ⅶ　そして日本はどうすべきか？ …………………………135
　Ⅷ　炭素税の導入について …………………………………140
　Ⅸ　おわりに …………………………………………………145

第5章　財政社会学方法論に関する一覚書
　　　　──介護保険制度の決定過程に関する日独比較を事例として──
　　　　　　　　　　　　　　　　　　　　　　佐々木伯朗
　Ⅰ　はじめに …………………………………………………153
　Ⅱ　比較の枠組み ……………………………………………155
　Ⅲ　介護保険の導入をめぐる議論と財政システムの比較 …157
　Ⅳ　「歴史的制度論」の論理と問題 ………………………161
　Ⅴ　おわりに …………………………………………………163

第6章　現代国家の変容と租税政策
　　　──グローバル化，高齢化及び政府への信頼をめぐって──

スヴェン・スタインモ
【編訳】アンドリュー・デウィット，池上岳彦

- Ⅰ　はじめに ……………………………………………………………167
- Ⅱ　なぜ租税の減収は起こらなかったのか
    ──国際競争への反応は国により異なる ………………………169
    - 1　経済成長と租税負担 ……………………………………170
    - 2　高齢化と移民 ……………………………………………175
    - 3　政府への信頼 ……………………………………………176
- Ⅲ　おわりに──日本への示唆 ……………………………………178

人名索引 …………………………………………………………………181
事項索引 …………………………………………………………………183

租税の財政社会学

神野 直彦・池上 岳彦 編著

第1章　租税政策の形成過程
―― 財政社会学的アプローチによる国際比較 ――

神野　直彦

I　財政社会学的アプローチ

　20世紀から21世紀への世紀転換期は，「税制改革」のエピソードで彩られた「税制改革」の時代となっている。この「税制改革」のエピソードはいずれの先進諸国でも認められるばかりでなく，その主題が第二次大戦後に定着した租税制度の総体的構造に対する改革という点でも共通している。しかも，こうした租税制度の総体的構造変化だけでなく，この世紀転換期には第二次大戦後に定着した政治的制度，経済的制度が大転換を遂げようとしている。つまり，この世紀転換期は政治的・経済的諸制度の断絶的変容をともないながら，「税制改革」の時代を迎えているということができる。

　本書の課題は，こうした「税制改革」の時代における租税の相対的構造変化を，日本に焦点を絞りながら，財政社会学 (fiscal sociology) 的アプローチから国際比較分析することにある。ハーバード大学のキャンベル (John L. Campbell) に従えば，財政社会学の課題は非経済的要因を含む多様な社会学的要因の相互作用として租税制度を分析することにある[1]。

---

1)　Campbell [1993] 参照。

シュンペーター (Joseph A. Schumpeter) 以来の系譜を引き継ぎながら[2]，こうした財政社会学的アプローチに着目するのは，財政学あるいは公共経済学のメインストリームに立脚すると，この世紀転換期に生じている租税制度の相対的構造変化を説明できないと考えられるからである。説明を不可能にしている根源的な理由は，租税制度が「政治」と「経済」の接合現象であるという視角を見過ごし，「政治」の諸領域を捨象している点にあると思われる。

そのため財政学や公共経済学のメインストリームでは，租税が経済的パフォーマンスや所得分配に及ぼす影響という事後的分析を重視してきた。もっとも，事前的分析が存在しなかったというわけではない。しかし，それも「政治」を捨象しているために，あたかも時空を超越した政策価値が存在するかの如き前提を置き，「理想的な」あるいは「最適な」租税制度を提唱するにとどまっている。

租税制度の相対的変化という世紀転換期現象を説明する視点からすれば，スタインモ (Sven Steinmo) やポラック (Sheldon D. Pollack) に代表される政治学における「歴史的制度論アプローチ (historical institutionalist approach)」に注目するべきだと考えられる[3]。この「歴史的制度論アプローチ」は，租税制度の選択を「政治的意思決定の諸制度の構造と仕組」の結果であると理解し，個人や集団の経済的利害関係では適切に説明できないと考えている。

しかし，「歴史的制度論アプローチ」が焦点を絞る「政治的制度」とは，選挙構造や政党制あるいは官僚制という政治決定過程における「制度」にすぎないため，「制度」決定論に陥ってしまっている。財政社会学的アプローチからすれば，そうした「政治的制度」は租税制度の結果を規定する決定要因だとしても，「転換要因にすぎない」と位置づけられることになる。

---

2) もっとも，ゴルトシャイト (Rudolf Goldscheid) によれば，財政社会学の始祖はレンナー (Karl Renner) である。レンナーによると「課税をめぐる闘争は市民国家史における最も重要な部分である」とともに，「財政高権をめぐる権力闘争において，各階級は各特殊の租税理念・課税の正しき体系を展開する。かかる正当性とはすなわち租税を他の階級に支払わせるということである」(Renner [1909], S.1)。

3) Steinmo [1993] 参照。

財政社会学的アプローチの伝統に従えば，租税は「政治」のために，「経済」から調達される貨幣である。シュンペーターの指摘を待つまでもなく，「政治」に必要な貨幣を租税として「経済」から調達するのは，公共部門が生産要素を所有しない「無産国家」となっているからである[4]。それをメダルの背面から表現すれば，経済活動に必要な生産要素が私的に所有されているからにほかならない。

　公共部門は社会を統合していく「政治」活動に必要な生産要素を所有していないために，私的部門が所有する生産要素によっておこなう「経済」活動によって生み出す貨幣を租税として調達する。こうした租税を媒介とした「政治」と「経済」のループに財政社会学的アプローチは着目してきたという点で共通している。

　もっとも，マスグレイブ (Richard A. Musgrave) は，こうした財政社会学を批判的に検討している[5]。マスグレイブが財政社会学を批判の対象として据える際に，財政社会学者として主に念頭に置いていたオコンナー (James O'Connor) は，「国家」の機能を相反する二つの機能に求めている[6]。第一の機能は，独占資本による利潤の蓄積を維持するための「社会的投資」への支出であり，第二の機能は社会的調和のための条件を整備する「社会的消費」への支出である。こうした機能を果たすために必要な貨幣を調達する手段が，企業課税であれば「国家」の前者の機能と，大衆課税であれば「国家」の後者の機能と，それぞれ対立する。そのために財政需要は租税ではなく，国債によってまかなわれるようになり，財政危機へと陥る，と主張されるのである。

　ここでオコンナーが「国家」の機能として想定しているものは，「財政」の機能と言い換えてもよい。財政が「社会的投資」や「社会的消費」を支出して，社会的統合を確保しなければ「政治的危機」が生ずる。逆に，「財政」が「政治」に必要な貨幣を調達するために，「経済」を混乱させれば，「経済的危機」

4）　Schumpeter [1918] 参照。
5）　Musgrave [1980] 参照。
6）　O'Connor [1973] 参照。

に陥る。つまり、「政治」と「経済」の危機を回避するように、租税を調達しなければならないという二律背反が生ずる。こうした二律背反を克服しようとすれば、「財政」危機に陥る宿命を覚悟しなければならない、とオコンナーの主張を読み換えることができる。

　オコンナーのこうした「政治」と「経済」のループの媒介として財政を位置づけるスタンスに対して、マスグレイブはそれが決定論的だと批判する。オコンナーによると、「政治」と「経済」の危機回避が必然的に、「財政」の危機つまり「租税国家」の危機に帰結すると把握されているからである。マスグレイブはこうした「租税国家危機必然論」を批判して、利益集団の多様性、財政統制の分断性、中間層の政治的影響力を強調する。しかし、それは財政の政治的決定過程の重要性を指摘したと読み換えることができ、「歴史的制度論アプローチ」の「政治的制度」という転換要因の分析に通じる結果となる。

　キャンベルは租税決定の要因として、「地政的葛藤」「マクロ経済条件」「財政危機」「階級と利益集団」「代議制システム」「国家構造」「イデオロギー」という七つの要因を列挙している。ここで、「地政的葛藤」を「政治的危機」、「マクロ経済条件」を「経済的危機」と読み換えることにより、図1－1のように「政治的危機」、「経済的危機」、「財政危機」の三つを、オコンナーの強調する税制改革の圧力要因、「階級と利益集団」「代議制システム」「国家構造」「イデオロギー」の四つを、「歴史的制度論アプローチ」の強調する転換要因とまとめることができる。

　この世紀転換期に繰り広げられている税制改革を分析するにあたって、こうした圧力要因と転換要因を結合するキャンベルの分析視角を継承していくことにしたい。それはこの世紀転換期に展開している税制改革を理解するには、税制改革を「政治」と「経済」の構造変化と結びつけざるをえないと考えているからである。確かに、「歴史的制度論アプローチ」が主張するように、税制改革は政治的決定過程で決定され、「政治的制度」によって規定される。しかし、その「政治的制度」も政治構造と経済構造の関係で捉える必要がある。

　こうしたアプローチでは暗黙のうちに、歴史的分析と国際比較分析を重視し

図 1-1　税制改革の概念図

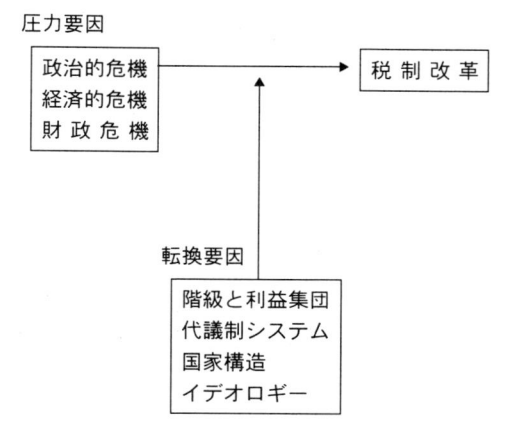

```
圧力要因
┌─────────────┐
│ 政治的危機  │
│ 経済的危機  │──→ ┌─────────┐
│ 財 政 危 機 │    │税制改革 │
└─────────────┘    └─────────┘
                        ↑
                        │
       転換要因         │
    ┌─────────────────┐ │
    │ 階級と利益集団  │─┘
    │ 代議制システム  │
    │ 国家構造        │
    │ イデオロギー    │
    └─────────────────┘
```

ていくことを前提としている。それはこのアプローチが，租税制度の基底にある「政治」と「経済」というトータルとしての社会構造に関心があるからである。本書は財政社会学的アプローチから，日本での租税政策に焦点を絞りながら，租税政策の形成過程を国際比較分析することを課題としている。本章はそうした本書のプロローグである[7]。

II　戦後税制の特質

1　所得税・法人税基幹税主義

　この「税制改革」の時代に改革の対象となっているのは第二次大戦後に定着した戦後税制である。スタインモによれば，第二次大戦後の先進諸国の税制には共通の傾向を指摘することができる[8]。それはいずれの先進諸国の戦後税制も，第二次大戦中に成立した高負担水準の戦時税制をそのまま継承し，恒常化することによってスタートした，ということである。

---

7)　I については，赤石孝次長崎大学准教授，金子勝慶應義塾大学教授及びアンドリュー・デウィット（Andrew DeWit）立教大学教授のご教示に負うところが大きい。
8)　Steinmo [1995] 参照。

いずれの先進諸国でも，戦時税制として1940年代に源泉徴収制度を導入し，所得税を「富裕者税」から「貧困者税」へと転化させている。つまり，国民の一部が納税する部分所得税から，国民の大多数が納税する一般所得税 (universal income tax) へと，所得税を変質させている[9]。しかし，同時に所得税の累進性は著しく強化され，法人税は戦時利潤税をも含め，飛躍的に拡充されている。

　所得税の累進性の強化にしろ，法人税の拡充にしろ，高所得層を形成する資本所得への課税となる。こうした課税によって，戦争遂行という「政治」のために，「経済」から貨幣調達が可能になったのは，ブロック (Fred Block) に従えば，戦費支出による戦時景気のもとでは，それが投資抑制を招いて「経済」を萎縮させることはない，という判断が働いたことによる[10]。しかし，それはあくまでも「戦時」という非常時における臨時的税制を正当化したにすぎない。そうした臨時的戦時税制で終わるはずの税制が恒常化するのを正当化したのは，戦後の先進諸国の租税政策立案者たちが共有した租税イデオロギーだったと，スタインモは主張する。

　戦後の先進諸国で共有されたイデオロギーとは，租税を社会政策や経済政策の手段として活用すべきだ，という租税イデオロギーである。もちろん，戦後の混乱を克服する社会統合のためには，福祉，住宅，医療，教育などという公共サービスを供給することが，「政治」として必要であったことも間違いない。しかし，急峻な累進性を備えた所得税，高負担水準の法人税そのものも，社会統合という「政治」にとって重要だと考えられていたのである。

　それと同時に，急峻な累進性を備えた所得税や高負担水準の法人税は，「経済」に望ましい効果を与えつつ，貨幣を引き出してくると認められていた。いずれの租税も税収の所得弾力性が高く，好況期には税収が急増して景気を抑制し，不況期には税収が激減して景気回復に役立つ。すなわち，「国民経済」をマクロ的に安定化させるうえでも，こうした租税は望ましい。しかも，ミクロ的経済政策として特定の産業や特定の業種に，課税刺激を与えるのにも，負担

---

9) 一般所得税については，Shoup [1969] p.291を参照。
10) Block [1980] pp.227-240参照。

水準が高いことを前提にして，租税優遇措置が初めて効果があると見做されたのである。

もちろん，高い租税負担水準が「経済」に及ぼすマイナスの効果が，意識されなかったわけではない。しかし，そうしたマイナスの効果への不安は，「黄金の30年」といわれる戦後経済の高度成長によって掻き消されていく。それどころか，所得税と法人税を基幹税とする高い負担水準の租税制度が，「経済」の成長を促進するものとして理解されたのである。

こうした租税制度によって調達される貨幣で供給される現金給付の社会保障，医療，住宅，教育などの公共サービスは，労働者の生活保障システムとして機能し，労働者を社会に統合していく。しかも，地域共同体や家族の生活保障機能が縮小していったため，それに代替する公共サービスの供給によって，むしろ労働者のモラールが高まり，生産性が向上すると考えられていた。こうしていずれの先進諸国でも，所得税と法人税を基幹税とする高い負担水準の租税制度が，第二次大戦後に定着したのである。

2　「日本型」戦後税制の特質

表1－1で1975年における先進諸国の戦後税制を眺めると，日本の戦後税制も所得税と法人税を基幹税とする直接税中心主義であることがわかる。しかし，その直接税中心主義にも日本的特質が刻印されている。それは法人税のウェイトが高いということである。表1－1に示した先進諸国の中では，ＧＤＰ比で最もウェイトが高い。

ところが，所得税のウェイトは高くない。先進諸国の中で例外的に間接税のシェアの高いフランスと比較しても，日本のそれはＧＤＰ比で見ると，ほぼ同程度にすぎない。このように直接税中心主義を採用しながらも，所得税のウェイトが低いという点が，戦後日本税制の第一の日本的特質となる。

第二に，消費課税のウェイトが低いということである。表1－1に示した先進諸国の中では，最も低い。それは日本の戦後税制では，一般消費税を導入していないからである。もっとも，アメリカも国税に関する限り，一般消費税を

表1-1 1975年時点における主要先進国の租税・社会保障負担［対GDP比］

(単位:％)

	日本	アメリカ	カナダ	イギリス	フランス	ドイツ	イタリア	スウェーデン
所得課税	9.3	11.8	15.1	15.8	5.6	12.1	5.4	21.0
個人所得税	5.0	8.9	10.5	14.1	3.7	10.3	3.8	19.2
法人所得税	4.3	2.9	4.3	2.2	1.8	1.5	1.6	1.8
資産課税	1.9	3.6	3.0	4.5	1.8	1.3	0.8	0.5
消費課税	3.6	5.0	10.2	8.8	11.8	9.2	7.4	10.1
一般消費税	−	1.8	4.0	3.1	8.3	5.0	3.6	5.0
個別消費税	3.1	2.6	4.3	5.2	3.2	3.7	3.5	4.5
租税負担合計	14.8	20.3	28.8	29.1	21.0	22.6	13.7	33.5
社会保障負担	6.1	5.2	3.2	6.2	14.4	11.7	11.6	8.1
総　負　担	20.9	25.6	32.0	35.3	35.4	34.3	25.4	41.6

注：1)「総負担」は，表示されていない小規模な租税を含む。
　　2)「消費課税」は使用税・登録税等を含む。
資料：OECD, *Revenue Statistics 1965−2006* (Paris：OECD, 2007), pp. 74−90 により作成。

導入していない。そのため日本と並んで消費課税のウェイトが低い。

　第三に，一般消費税が導入されていないことを反映して，租税負担水準が先進諸国の中で著しく低いということである。社会保障負担をも含めた総負担で見ても，日本とともに低いアメリカと比較してさえ，5％近く低くなっている。

　日本の戦後税制も，戦時税制の高い租税負担率を継承して形成された。しかも，シャウプ(Carl S. Shoup)が率いた税制使節団が作成したシャウプ勧告の直接税中心主義も，所得再分配という社会政策的目的とマクロ的経済管理という経済政策的目的を強く意識している。したがって，戦後日本税制も1940年代に成立した戦時税制を，戦後の先進諸国がコンセンサスとして共有した租税イデオロギーにもとづいて恒常化したものと評価することができる。

　しかし，日本ではこうした戦後税制がそのまま定着したわけではない。つまり，シャウプ税制がそのまま戦後日本税制として根付いたわけではない。そうした戦後日本税制の形成の経緯が，戦後日本税制の日本的特質を刻印したものと思われる。

シャウプ勧告とは相違して大蔵省は，戦後に高まった租税負担水準を引き下げること，とくに所得税の減税を構想していた。シャウプ勧告を待ち受ける平田敬一郎大蔵省主税局長(当時)は，「何をおいても所得税の大幅な減税をまず先に断行すべきではないか」[11]という「気持」で望んでいた。しかも，その当時，実施されていた一般消費税である取引高税についても「出来ることならやめた方がいい」[12]と考えていたのである。

しかし，こうした大蔵省の期待は裏切られ，所得税減税は見送られ，取引高税は地方税である付加価値税に再編されることになる。ところが，独立とともに所得税減税戦略が前面に躍り出ることになる。しかも，付加価値税も，実施に移されないまま，廃止されるという憂き目に遭う[13]。

このように高い租税負担水準を低める政策意志が働くのは，日本では他の先進諸国と相違して軍事費支出を抑制することができたという条件が存在していたことは間違いない。しかし，それよりも重要な点は，他の先進諸国と相違して，社会保障関係費が軍事費の減少を相殺するようには増加しなかったことである。日本では社会保障関係費よりも，地方財政費や国土保全及び開発費の増加が目立っている。このように社会保障関係費を抑制できたことが，租税負担水準を低めることを可能にしていたと認められる。

もちろん，それは社会保障関係費の増加を要求する労働組合などの政治的発言力が弱かったことを意味している。陰画法的に表現すれば，「政治」が社会保障関係費によって社会に統合する階層よりも，地方財政費や国土保全及び開発費によって社会に統合する階層を統合するほうが，日本では社会統合にとって重要だったことを意味していると考えられる。

---

11) 平田［未公刊］15-16ページによる。
12) 同上。
13) こうしたシャウプ勧告をめぐる税制問題については，林・神野［1986］を参照されたい。

III 戦後税制の動揺

1 ブレトンウッズの合意

　「黄金の30年」といわれる先進諸国の経済成長が終わりを告げようとする頃，戦後税制は動揺していた。確かに戦後税制では，所得再分配を課税目的とする所得税が，富裕階層に重い負担をもたらしていた。しかし，高度成長によるインフレーションは，低所得層を急峻な所得税の累進課税網に巻き込んでいった。その反面ではミクロ的経済政策の手段として導入された租税優遇措置が事実上，富裕階層の租税負担を引き下げていった。そのためいずれの先進諸国でも，戦後税制の不公平性が批判の的になっていたのである[14]。

　このように戦後税制は不公平という批判を浴び，それを是正していくことが，いずれの先進諸国でも政策課題となり，「税制改革」の季節を迎えることになる。ところが，1980年代に始まる世紀末の「税制改革」の季節になると，歴史は皮肉な結果を演出する。つまり，1980年代の税制改革では，ループホール（抜け穴）を塞いで，実質的累進性を強化する方向へと進んだわけではないのである。

　その理由は戦後税制が戦時税制の遺産として成立したこと自体に存在するといってよい。戦後税制が戦時税制の遺産とするには，「経済」も戦時経済の遺産を継承している必要があった。ところが，1980年代には「経済」における戦時経済の遺産が食い潰されたため，ループホールを進め，累進所得税と法人税を基幹税とする戦後税制を再構築することが不可能になったということができる。

　第二次大戦後の世界経済の秩序は，1944年にアメリカのニューハンプシャー州のブレトンウッズにおける合意にもとづく，ブレトンウッズ体制といわれている。このブレトンウッズ体制は，「自由・無差別・多角的」な世界経済を合言葉にして，戦時経済体制の否定を前提にしているように見える。しかし，そ

14）　Steinmo［1993］p.158参照。

れは19世紀に成立していたような国際金本位制にもとづく，自由多角的な世界経済を目指していたわけではなかったのである。

　土地・労働・資本という生産要素のうち，土地と労働にかかわる管理権限は，本来的に国民国家が掌握している。国民国家とは領土と領民を条件として成立し，国土と国民の存在なくしては国民国家そのものが成り立たないからである。ところが，資本はそうではない。国際金本位制とは資本（貨幣）を管理する権限を，国民国家には認めないということを意味している。

　しかし，ブレトンウッズ体制は，租税負担と政治的不安定性によって資本逃避（capital flight）が生じるのを抑え込むことを意図していた。つまり，ブレトンウッズ体制は第二次大戦中の戦時経済の遺産を継承して，資本統制の権限を国民国家の手中に残そうとしていたのである[15]。

　資本に対する統制権限を国民国家が掌握したということは，第二次大戦後の国民国家が戦時統制経済の遺産を継承し，土地・労働・資本という生産要素に対する管理権限を握っていたことを意味する。所得税と法人税を基幹税とする高い負担水準の戦後税制は，生産要素に対して国民国家が管理権限を掌握していることを前提に成立していたのである。

2　ボーダレス化・グローバル化

　土地や労働の生み出す要素所得に対して課税を強化しても，土地や労働はそれを回避するために移動することが困難である。もちろん，土地は自由に移動することはできない。それ故に国民国家は，土地は領土として管理している。労働も人間の生活が言語や風習と結びついている以上，自由な移動は困難である。そのため国民国家は，国境を管理し，人々を領民として統治することによって，労働の入退出を管理することができる。

　ところが，資本所得に対する課税を強化すると，基本的に移動自由な資本はフライトしてしまう。そこでブレトンウッズ体制のもとでは，租税負担によっ

---

[15]　Helleiner [1995] 参照。

て資本が移動することを阻止する権限が，国民国家に与えられていたのである。

このように国民国家が租税負担による資本逃避を規制することが可能になると，資本所得に対する課税を強化することができる。戦後税制が累進性の高い所得税と法人税を基幹税として設定可能になったのは，ブレトンウッズ体制のもとで資本逃避を規制しえたからである。つまり，資本逃避の規制によって，高額所得を構成する資本所得や，法人利潤への課税の強化が可能となっていたことが，戦後税制の前提条件を形成していたのである。

こうした条件のもとで，戦後税制では所得税や法人税という基幹税は，国税に設定されることになる。もちろん，それは戦時税制を恒常化したことによる当然の帰結でもある。しかし，地方政府は国境を管理しないオープン・システムの政府である。したがって，地方政府は資本移動を規制できず，かつ人間の入退出も管理できない。そのため地方政府には，所得税や法人税を課税することは困難となる。

財政連邦主義 (fiscal federalism) が資源配分機能，所得再分配機能，経済安定化機能という財政の三つの機能のうち，地方財政は資源配分機能を担い，中央財政は資源配分機能に加え，所得再分配機能と経済安定化機能を担うと想定しているのも，地方政府が前述のように，国境を管理しない政府であるということを前提にしているといってよい[16]。つまり，資本移動や住民移動を管理しえない地方政府には，所得税や法人税のような所得再分配機能や経済安定化機能に優れている租税を課税できないことを，財政連邦主義は想定しているのである。

ところが，ブレトンウッズ体制を支えていた資本統制は解除され，金融自由化が進んでいく。こうした動きは，1960年代から胎動し始め，1980年代になると，情報化の急速な進展とともに本格化する。つまり，1980年代になると，金融自由化が進み，経済のボーダレス化，グローバル化という現象が如実になる。

このように1980年代を契機にブレトンウッズ体制の解体が明確になると，戦

---

[16] 財政連邦主義については，Oates [1991] 参照。

第1章　租税政策の形成過程

後税制も動揺する。スタインモによると，1980年代を契機に，租税負担率と経済成長率との関係は転換する。図1－2に示したように，1970年代には租税負担率と経済成長率との間に，相関関係を認めることができない。ところが，図

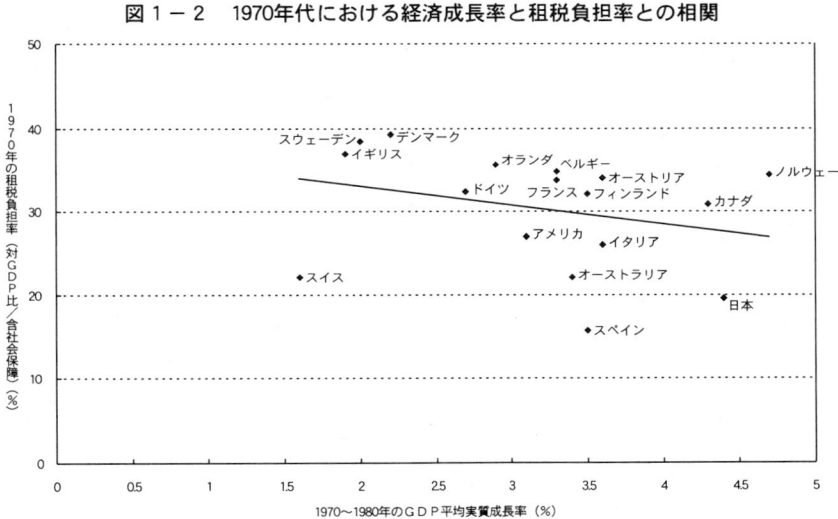

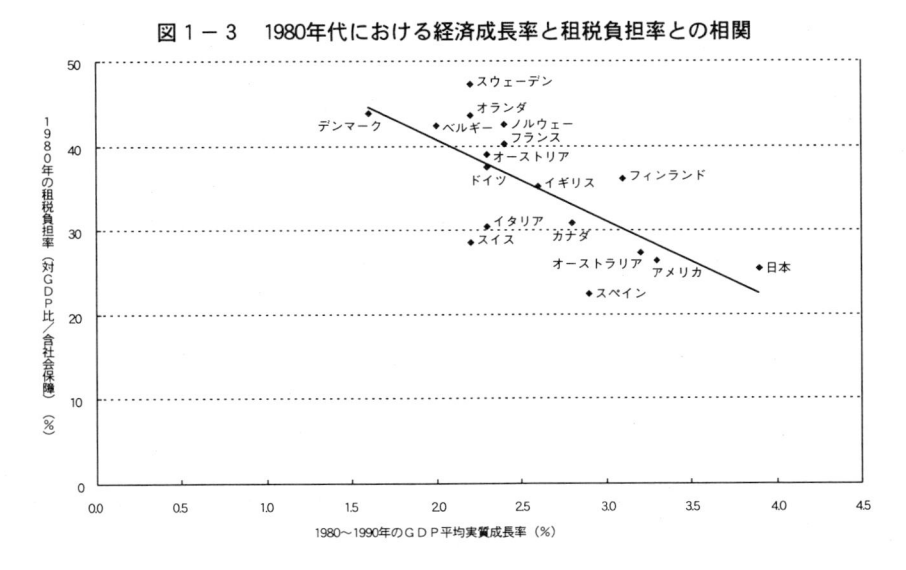

図1－2　1970年代における経済成長率と租税負担率との相関

図1－3　1980年代における経済成長率と租税負担率との相関

1-3に示したように,1980年代になると,租税負担率と経済成長率との間に,明確な負の相関関係が形成されることになる。つまり,1980年代を契機に,租税負担率が低ければ,経済成長率は高くなるという関係が浮き彫りになる。

こうした事態の発生は,経済のボーダレス化,グローバル化と不可分に結びついていると,スタインモは主張した。1980年代になるまでは,租税負担率の相違に反応して,資本逃避が生じるという事態は,資本統制によって抑制されていた。ところが,1980年代になると,ブレトンウッズ体制が崩れ,金融自由化が進み,資本は一瞬のうちに,租税負担率の低い国へとフライトしてしまう。そのため1980年代を契機に,租税負担率と経済成長率との間に,負の相関関係が生じたというのである。

こうした租税負担率と経済成長率との関係が転換したことを背景に,租税イデオロギーも1980年代を契機に転換する。戦後税制を支えた租税イデオロギーは,租税を社会政策さらには経済政策の手段として活用していくことにある。社会政策的目的や経済政策的目的として租税を活用するには,租税負担率は高いほうがよい。しかも,所得税や法人税を基幹税とする租税制度が望ましいと考えられていたのである。

しかし,1980年代を契機に,租税負担率が経済成長率に対してマイナスのインパクトを与えることが意識されるようになってくると,租税負担率は低いほうが望ましいという方向へと,租税イデオロギーは変化する。しかも,所得税や法人税という所得課税よりも,市場経済に対して中立的な一般消費税のような消費課税に,基幹税の重点を移すべきだという方向へと,租税体系に関するイデオロギーも転換していく。

3 問い直される戦後税制

前述のように,1980年代には税制改革の気運が熟していた。しかし,それは税制の実質的累進性を強化する要求として存在していた。戦後税制は高い租税負担率を前提に,社会政策や経済政策の手段として活用されていた。そのための諸種の課税刺激が導入され,ループホールだらけになっているという不満が,

捌口を見出せない状態になっていた。急峻な累進課税網に巻き込まれた大衆は，高額所得層や法人が税制上の優遇措置によって租税をほとんど支払っていないという怒りを抱えていた。ハリントン（Michael Harrington）の「税制は，金持ちのための福祉制度である」という言葉は，そうした大衆の感情を吐露していたのである。

しかし，そうした税制改革の気運に押されて開始された1980年代の税制改革は，実質的累進性を強化する方向には進まなかった。というよりも，振り子はそれとは正反対の方向に動いていった。その動因は「経済」の力であり，経済のグローバル化である。つまり，課税の公平を求める叫びは，経済成長をめぐる国際競争力という錦の御旗の前に掻き消されていったからである。

こうして1980年代から始まる「税制改革」の時代では，戦後税制で基幹税として位置づけられた所得税と法人税に，税制改革の焦点が絞られていく。アメリカでもレーガン（Ronald Reagan）政権のもとで実施された税制改革で，所得税と法人税の改革が焦点となっている。

1981年にレーガン政権が成立してから，1981年と1986年の二度にわたる税制改革が実施されている。いずれの改革もアメリカの「経済再建」を目的とした「経済成長」のための税制改革が企図されている。しかも，1981年の第一次税制改革は，インフレなきアメリカの経済復興のための「経済再建計画」の一環として位置づけられていたのである。

そのため1981年の税制改革では，14％から70％の15段階の税制で課税されていた所得税を，11％から50％の14段階の税率へと改正し，広範な所得税減税を実施しただけでなく，法人税において減価償却の短縮と償却率引き上げ，投資税額控除の拡充など，租税優遇措置の大盤振る舞いが実施されている。既に述べたような租税優遇措置の乱用に対する批判の高まりにもかかわらず，「経済再建」を至上命題として掲げ，広範な減税を施すことによって，「経済成長」のための課税刺激が拡充されたのである。

もっとも，こうした政策減税は経済成長に寄与することなく，財政赤字の拡充に帰結してしまう。そこで1986年には，「公平，簡素，経済成長のための税

制改革」を謳った1984年の財務省報告にもとづく[17]，歴史的な税制改革が実施される。この税制改革では財務省報告が主張する包括的所得概念にもとづいて，所得税でキャピタル・ゲインの全額課税を導入し，法人税でも減価償却に関する優遇措置や投資税額控除，貸倒引当金などを廃止して，課税ベースの拡大を図っている。

　もっとも，この1986年の税制改革でも，改革目標として「経済成長」を掲げ，所得税の税率は15％と25％の2段階へとフラット化されている。法人税でも15％から46％までの四段階の累進税率から，34％の基本税率と15％と25％の軽減税率へと軽減されている。こうした1980年代のアメリカの税制改革を見れば，所得再分配を目指す課税の公平は省みられなくなり，中間所得層への減税とともに，新たに「経済成長」という課税目的が重視されるようになってきたことがわかる。

　イギリスでも1980年代になると，国際競争力を重視し，「経済成長」を重視した税制改革が実施される。1979年に成立したサッチャー (Margaret Thatcher) 政権は，所得税の大幅な減税を果敢に実行する。1979年と1988年の二次にわたる税制改革で，25％から83％までの11段階で課税されていた所得税の税率は，25％と40％という2段階の税率にフラット化される。法人税も1984年の改革で，税率が52％から35％へと段階的に引き下げられていく。もっとも，ローソン (Nigel Lawson) 蔵相はこの法人税改革の主要な目的を「わが国の主たる競争相手が行っている投資と比べて，収益率がより低い資産に大きく投資している」点を是正することにあると説明している[18]。つまり，法人税負担そのものの軽減よりも，市場原理にもとづく選択を歪めないことを重視したため，特別償却の段階的廃止やストック・レリーフの廃止など，課税ベースの拡大が実施されたのである。

　さらに加えて，地方税として，人頭税である悪名高いコミュニティ・チャー

---

17) United States, Department of the Treasury, Office of Secretary of the Treasury [1984] を参照。
18) Steinmo [1993] p. 174を参照。

ジ (community charge) を，不動産税であるレイト (rate) を廃止して導入したことも指摘すべきであろう。しかしここでは，アメリカにおいて1984年の財務省報告でさえ付加価値税の導入を拒否しているのに対し，イギリスでは付加価値税の大幅な増税が断行されている点を注目しておきたい。つまり，付加価値税の税率は8％の標準税率と12.5％の割増税率という複数税率から，15％の単一税率に引き上げられたのである。こうしたスタンスの相違は，イギリスではインフレーションの抑制が最重要課題とされ，財政赤字の解消が重視されたからだといってよい。

フランス，ドイツ，スウェーデンなどのヨーロッパ大陸諸国でも，多かれ少なかれ所得税と法人税の減税が実施されている。しかし，ヨーロッパ大陸諸国では，アメリカやイギリスほどドラスティックな改革は実施されていないといってよい。確かに，フランスでも国際競争力を強化する目的で，法人税が45％から42％に引き下げられている。しかも，1989年以降，留保分が39％，37％，34％と段階的に引き下げられ，1992年には留保分，配当分を含め34％に，さらに1993年には$33\frac{1}{3}$％になっている[19]。しかし，所得税に関してはイギリスやアメリカのようなフラット化は実施されていない。

ドイツでも確かに，コール (Helmut Kohl) 政権のもとで，1980年後半に所得税と法人税の大減税がおこなわれている。とはいえ，所得税についていえば，最高税率が56％から53％に，最低税率が22％から19％に引き下げられたにとどまる。法人税についても，租税優遇措置を整理し，課税ベースを拡大したうえで，留保分に対する税率を56％から50％に引き下げたにすぎないのである。

もっとも，スウェーデンについて見ると，むしろドラスティックな変化が生じたといってよいかもしれない[20]。スウェーデンでは1990年に「世紀の税制改革」(Arhundrets Skattereform) がおこなわれた。この「世紀の税制改革」では，極めて大胆な所得税のフラット化が実施されている。つまり，国税としての所得税の税率は20％に引き下げられている。もっとも，利子及びキャピタル・ゲ

---

19) フランスの税制改革については，青木［1996］を参照。
20) スウェーデンの税制改革については，鶴田・藤岡［1988］を参照。

インなどの資本所得に対しては，30パーセントの税率が適用される。

しかし，重要な点はこうした国税としての所得税は，勤労所得についていえば，国民の85％が納税しないという点にある。つまり，国民の85％は地方によって相違するけれども，平均で31％の税率で課税される地方所得税のみを納税する。したがって，この税制改革により，国税と地方税を合わせて，最高税率51％の二段階の税率で課税されることになったのである。

この改革では，法人税についても，「資源の効果的使用に貢献」し，「国際市場で活動する部門に貢献する」[21] という目的から，投資基金制度などの特別優遇措置を廃止したうえで，52％の税率を30％に引き下げている。しかも，こうした減税は付加価値税の増税によってまかなわれている。

このようにスウェーデンにおいても，資本所得への負担を低めようとする動きが認められることは間違いない。ただし，この「世紀の税制改革」以前の1980年代には，富裕税や，相続税の引き上げが実施されている。しかも，スウェーデンではサーカスの綱渡りで張られる安全網のように，市場での競争に敗れた者を救うセーフティ・ネットとしての社会保障を縮小しようとする政策意図は存在しなかったのである。

Ⅳ　ポスト戦後税制の模索

第二次大戦後に先進諸国で定着した戦後税制が動揺していく過程を考察してくると，そこに「共通の道程（common path）」を指摘することができる。それは重化学工業を基軸とした産業構造の行き詰まりから生ずる経済危機にいずれの先進諸国も対応せざるをえなかったからである。

しかし，戦後税制が動揺していく過程には「共通の道程」とともに多様性が生じている。それは先進諸国で経済的圧力要因がそのまま税制改革を規定したのではなく，転換要因を媒介にして租税政策が形成されたからである。

---

21) Steinmo [1993] p. 187を参照。

第1章　租税政策の形成過程

　1980年代の戦後税制の動揺過程では，経済的危機への対応として「経済成長」あるいは「国際競争力」が税制改革の目標として意識された。**図1－3**からもわかるように，1980年代には転換要因からいって，租税負担率を低く抑制することに成功した先進諸国が経済成長を実現していたのである。

　しかし，1980年代の戦後税制の動揺過程は，「税制改革」の時代の序曲にすぎない。20世紀から21世紀への世紀転換期には事態は一変する。

　図1－4からわかるように，1990年代になると，経済成長率と租税負担率との間に相関関係も逆相関関係も見出せなくなる。日本のように転換要因から租税負担率を低く抑制した国は，経済成長に失敗してしまう。ところが，北ヨーロッパ諸国のように転換要因から租税負担率の高い国は逆に経済成長を高めていくことになる。1980年代に低い租税負担率で高い経済成長率を実現した先進諸国が，格差拡大による政治的危機を発生させたからである。

　こうした圧力要因と転換要因の錯綜過程を念頭に，国際比較分析を実施するのが本書の課題である。

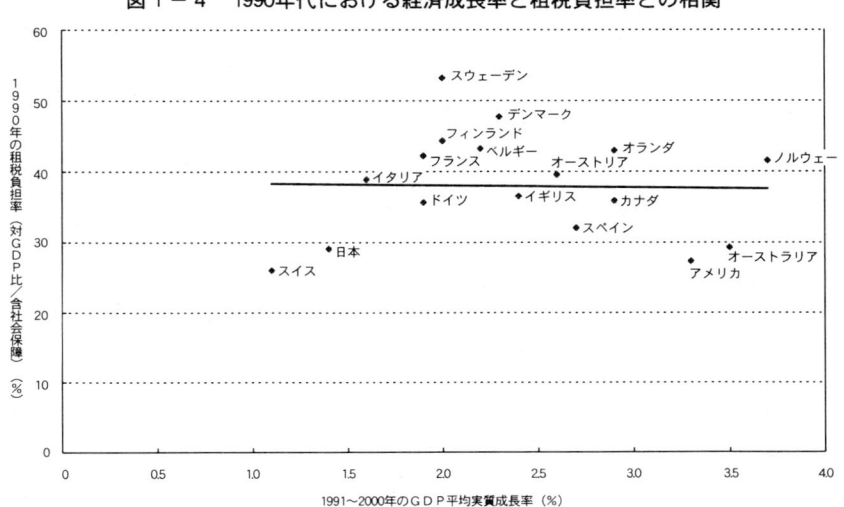

図1－4　1990年代における経済成長率と租税負担率との相関

〔参考文献〕

青木宗明［1996］「フランスの選択―財政赤字，社会保障負担，地方分権への対応＜後＞」『旬刊国税解説速報』第1384号。

加藤淳子［1997］『税制改革と官僚制』東京大学出版会。

神野直彦［1997］「生活保障システムとしての税制」八代尚宏編『高齢化社会の生活保障システム』東京大学出版会。

鶴田廣巳・藤岡純一編［1988］『税制改革への視点―租税民主主義の発展にむけて』中央経済社。

林健久・神野直彦［1986］『日本税制の変遷』大蔵省財政金融研究所。

平田敬一郎［未公刊］「昭和二十二年末以降の税制と徴税問題」大蔵省『戦後財政史口述資料』第3冊・租税，所収。

水野正一［1988］『財政再建と税制改革』名古屋大学出版会。

Block, Fred [1980] "Beyond Relative Autonomy: State managers as Historical Subjects," in Ralph Miliband and John Daville (eds.), *Socialist Register 1980*, London: The Merlin Press.

Campbell, John L. [1993] "The State and Fiscal Sociology," *Annual Review of Sociology*, Vol. 19, pp. 163–185.

Helleiner, Eric [1995] "Great Transformations: A Polanyian Perspective on the Contemporary Global Financial Orde" *Studies in Political Economy*, No. 48, pp. 149–164.

Oates, Wallace E. [1991] *Studies in Fiscal Federalism*, Aldershot: Edward Elgar.

O'Connor, James [1973] *The Fiscal Crisis of the State*, New York: St. Martin Press.

Musgrave, Richard A. [1980] "Theories of Fiscal Crisis: An Essay in Fiscal Sociology," in Henry J. Aaron and Michael J. Boskin (eds.), *The Economics of Taxation*, Washington, D.C.: The Brookings Institution.

Pollack, Sheldon D. [1996] *The Failure of U.S. Tax Policy: Revenue and Politics*, University Park: Pennsylvania State University Press.

Renner, Karl [1909] *Das arbeitende Volk und die Steuern: Zum Kampfe gegen die Steuervorlagen der Regierung Bienerth-Bilinski*, Wien: Wiener Volksbuchhandlung Ignaz Brand & Co.

Schumpeter, Joseph A. [1918] *Die Krise des Steuerstaats*.（木村元一・小谷義次訳『租税国家の危機』岩波書店，1983年）

Shoup, Carl S. [1969] *Public Finance*, Chicago: Aldine Publishing.

Steinmo, Sven [1993] *Taxation and Democracy: Financing the Welfare State in Britain, Sweden and America*, New Haven: Yale University Press.（塩崎潤・塩崎恭久共訳『税制と民主主義』今日社，1996年）

Steinmo, Sven [1995] *Why Tax Reform?: Understanding Tax Reform in its Political and Economic Context*.

United States, Department of the Treasury, Office of Secretary of the Treasury [1984] *Tax Reform for Fairness, Simplicity, and Economic Growth: The Treasury

第1章　租税政策の形成過程

Department Report to the President, Washington, D. C. : Department of the Treasury.

第2章　一般売上税をめぐる政府間関係と政策形成過程
―― 日本とカナダの比較分析 ――

池上　岳彦

I　はじめに

　本章の課題は，中央政府と州・地方政府との税源配分をめぐる政府間関係及び租税政策の形成過程について，日本とカナダの一般売上税を事例として分析することである。

　伝統的な機能配分論にもとづくマスグレイブ（Richard A. Musgrave）の税源配分論は，つぎのような一般原則をたてる。第一に，応益説的課税を満足する税目は，主に資源配分機能を有する地方政府の税目とする。第二に，所得再分配機能や経済安定化機能のための税目は中央政府に配分される。第三に，中立性の観点から，移動可能性が低い税源は地方政府に，移動可能性が高い税源は中央政府に配分される。その理論にもとづいて，マスグレイブは，累進的な個人所得税，法人所得税及び相続税を中央政府に，一般売上税（小売売上税，製造者売上税など）及び比例的な所得税を中層の地方政府へ，そして財産税（不動産税），賃金税及び使用料・手数料を下層の地方政府に，それぞれ配分すべきだと主張する[1]。

　しかし，現実にはヨーロッパ諸国も，カナダも，そして日本も含めて，中央政府が一般売上税を消費型付加価値税の方式で賦課している先進国がほとんどであり，むしろアメリカのほうが例外である。また，ヨーロッパでは共同税方

1）　Musgrave [1983], Musgrave and Musgrave [1989] 及び堀場・池上 [2005] を参照せよ。

式をとるドイツを除いて，一般売上税を中央政府が専有しているが，カナダでは連邦政府と州政府が，日本では国と都道府県が，税源を共有している。

以下では，両国における一般売上税の政府間配分をめぐる歴史と現状について，政治制度及び政策決定過程の特徴と関連させて，比較分析を試みる。

II カナダの租税政策における「財政連邦主義」と一般売上税

1 カナダの「財政連邦主義」—「大きな州政府」

連邦制国家であるカナダの財政システムは「財政連邦主義」(fiscal federalism)と呼ばれる。連邦制国家の中でも，カナダ財政がもつ最大の特徴は「大きな州政府」である。2006年時点で，連邦，州・準州及び地方を合わせた政府支出5,403億カナダドル（以下，ドルと記す）を最終支出主体別に見た割合は，連邦32％に対して，州・準州と地方を合わせると68％となるのである[2]。とくに，保健医療・福祉・高等教育など，支出規模の大きい対人社会サービスを担っている州・準州の役割が大きい。

「大きな州政府」というカナダ財政の特徴を，歳入面でも確認してみたい。表2－1に示したように，2006年時点で，州・準州の自主財源は2,610億ドルと連邦の自主財源2,394億ドルを上回っている。これに地方の自主財源625億ドルを加えると，2,797億ドルと全体の58％に達する。

財源の中心となる租税について見ると，政府間の税源配分の特徴として，第一に，州・地方税の地位の高さをあげることができる。州税・準州税1,794億ドルと地方税424億ドルを合わせると2,218億ドルとなり，連邦税2,029億ドルを上回っている。

第二の特徴としては，連邦と州・準州が個人所得税，法人所得税，一般売上税，酒税，たばこ税，燃料税など主要な税源を共有していることがあげられる。

---

2) Statistics Canada[2007]pp.51, 54-57により算出した。なお，金額は2006年の推計値である。

第2章 一般売上税をめぐる政府間関係と政策形成過程

表2－1 カナダの政府収入［2006年（推計）］

(単位：百万カナダドル)

	連邦	州・準州	地方	純計
自主財源	239,398	261,038	62,517	558,820
所得税	155,082	91,150	—	246,232
（うち個人所得税）	(110,255)	(70,502)	(—)	(180,757)
（　　法人所得税）	(37,920)	(19,939)	(—)	(57,859)
消費税	46,507	60,689	104	107,300
（うち一般売上税）	(33,212)	(35,238)	(88)	(68,538)
（　酒税・たばこ税・酒販売益）	(3,943)	(9,053)	(—)	(12,996)
（　燃料税）	(5,240)	(8,012)	(—)	(13,252)
（　関税）	(3,606)	(—)	(—)	(3,606)
財産税	—	9,860	41,557	51,417
その他の租税	1,281	17,658	763	19,702
（うち給与税）	(—)	(9,658)	(—)	(9,658)
（　自動車登録税）	(—)	(3,394)	(—)	(3,394)
［小計＝租税］	202,870	179,357	42,424	424,651
医療保険料	—	3,327	—	3,327
その他の社会保険料	21,837	12,115	—	33,952
財・サービスの販売	6,507	27,994	15,845	46,329
投資所得	7,838	34,166	3,333	44,999
その他の自主財源	346	4,081	915	5,562
他レベル政府からの移転(一般財源)	714	23,111	1,887	
他レベル政府からの移転(特定財源)	62	32,412	42,767	—
合計	240,175	316,561	107,170	558,820
自主財源比率（％）	99.7	82.5	58.3	100.0

注：1） 本表は，Financial Management System（FMS）にもとづく。連邦及び州・準州は年度，地方は暦年。
　　2） 「その他の社会保険料」は，雇用保険，労災保険等（拠出制の所得比例年金は除く）。
　　3） "Canada Health Transfer" は「他レベル政府からの移転（特定財源）」に，"Canada Social Transfer" は「他レベル政府からの移転（一般財源）」に，それぞれ含まれている。

資料：Statistics Canada, *Public Sector Statistics 2006/2007* (Ottawa：Statistics Canada, October 2007), pp.50, 56, 62, 72により作成。

所得課税については連邦税が州税・準州税を上回るが，消費課税（とくに個別消費税）については州税・準州税が連邦税を上回っている。なお，支払給与税や自動車登録税が州税・準州税となっている点も特徴といえる。

第三の特徴として，地方税は財産税（不動産税）がほとんどを占めている。

第四の特徴として，関税を除けば，州・準州が税目・課税標準・税率などを自由に決定できるという点があげられる。憲法上，州税は「直接税」に限られているものの（1867年憲法第92条第2号），たとえば小売売上税については小売業者を政府の徴収代理者とし，小売業者からの購入者が物品を再販売しないと一般に想定される場合には，これを直接税と見做す解釈がとられている。そのため，州の課税自主権は事実上無制限である。

そこで，連邦は州・準州の課税権を尊重しつつ，税制を「調和」(harmonization)させる手段を提供する，というアプローチをとっている。戦後における「調和」の代表例が，1962年に始まる連邦・州間の租税徴収協定（Tax Collection Agreements）であり，個人所得税・法人所得税などについて締結されている。協定は原則として5年に1度ずつ更新・見直しがおこなわれてきた。現在は「カナダ歳入庁」(Canada Revenue Agency) が，連邦税及び連邦税との「調和」が図られた州税などを徴収し，州税分を各州に配付しており，税務行政の統合によって納税・徴税のコストが軽減されている。それぞれの州が協定に参加するかどうかは任意である。

州税のうち租税徴収協定が最も大きな役割を果たしているのは個人所得税であり，ケベック州を除くすべての州・準州が連邦と租税徴収協定を結んでいる[3]。

現在，すべての州・準州が"tax on income"すなわち日本の個人住民税と同じような所得割の形式で個人所得税を賦課している。租税徴収協定に参加している州・準州は，連邦税と同額の課税所得に州・準州の独自税率を掛ける。この税率は，累進税率でも比例税率でもよく，州・準州は完全な税率設定権を有

---

3) 州における個人所得税の課税状況及び連邦との関係については，池上[2004b]を参照せよ。

している。さらに，各州・準州は税率を乗じた後に独自の税額控除を設けることもでき，また付加税を課することもできる。なお，協定に参加しないケベック州は，課税所得も連邦とは別に計算している。

2 一般売上税の現状

一般売上税については，個人所得税とは状況が大きく異なる。

連邦は1991年，それまでの製造者売上税を廃止し，それに代えて"Goods and Services Tax"（ＧＳＴ）というインボイス方式をとる税率7％の消費型付加価値税を導入した。現在は連邦財政収支の黒字基調を反映して，税率が6％へ，さらに5％へと引き下げられている。

これに対して，州・準州レベルでは，①ＧＳＴと「調和」させた税率8％の付加価値税（ＧＳＴと合わせて"Harmonized Sales Tax"（ＨＳＴ）と呼ばれる）を賦課する州（ニューファンドランド・アンド・ラブラドル州，ノヴァ・スコシア州，ニュー・ブランズウィック州），②ＧＳＴ込みの価格に独自の付加価値税を賦課する州（ケベック州），③ＧＳＴ込みの価格に小売売上税を賦課する州（プリンス・エドワード・アイランド州），④ＧＳＴ抜きの価格に小売売上税を賦課する州（オンタリオ州，マニトバ州，サスカチュワン州，ブリティッシュ・コロンビア州），そして⑤一般売上税を賦課しない州・準州（アルバータ州，ユーコン準州，ノースウェスト準州，ヌナヴト準州），と五つのシステムが併存している。

このうち，連邦ＧＳＴとの「調和」が最も進んでいるＨＳＴは，「カナダ歳入庁」が徴収しており，州税分が各協定参加州に配分される。なお，財・サービスが協定不参加州に「移出」される場合はＧＳＴのみが課され，州税分はゼロ税率となる[4]。逆に協定不参加州からの「移入」取引にはＨＳＴが適用される。ただし，協定に参加しているのは連邦からの財源移転への依存度が高い大西洋岸州のうちの三州であり，その人口は合計でも200万人程度（全人口の7％）にすぎない。

4） 移出業者が仕入税額控除をおこなう際，州税分は全額還付される。

また，GST込みの価格に独自の州付加価値税を賦課するケベック州の場合，GSTと州税の徴税をともにケベック州がおこなっている。財・サービスが他州に「移出」される場合はGSTのみが課され，州税分がゼロ税率となる点はHSTと同様である。ただし，ケベック州内事業者が他州から「移入」する場合，「移入」の時点ではGSTのみが課され，州税はその事業者が次に販売するときから課される繰延納税制度（deferred payment system）がとられている。

要するに，一般売上税にあっては，個人所得税に見られるような税制の「調和」は進んでいない。

では，なぜ一般売上税について調和が見られないのか。歴史を振り返ってみよう。

3 戦後の一般売上税をめぐる政府間関係の展開
(1) 戦後初期の状況

戦後初期のカナダにおける連邦税制は，第一次大戦期から1920年代にかけて導入された個人所得税（1917年導入），法人所得税（1916年導入）及び製造者売上税（1920年に導入された取引高税が1923年に廃止されると同時に導入されたもの）が中軸であった。しかしこれらは，増大する財政需要に応じるために十分な研究なしに新税が導入，修正されていった結果であった。

連邦が課していた製造者売上税は，カナダ国内で製造された財及び輸入された財に課される税であり，1962年の時点では税率は11％，連邦税収に占める割合は約20％であった。ただし，この税はサービスには課されず，また食料品，電気・燃料，原材料，農業・鉱業用機械等は免税とされていた。なお，宝石，化粧品，アルコール類，たばこ等には個別消費税が課されていた。

連邦とは別に，アルバータ州とマニトバ州を除く八つの州政府は，それぞれ独自に小売売上税（retail sales tax）を課していた。州ごとに税率及び課税ベースはさまざまであるが，当時の税率は4～8％であり，また食料品，サービスのほとんど，事業用購入品の多くは概して免税とされていた。小売売上税は州税全体の四分の一を占めていた。

また，租税徴収協定は結ばれていないため，連邦と州がそれぞれ徴税部門をもち，納税側も製造業者と小売業者に分かれており，税務コストは相対的に高かった。そこで，一般売上税の改革については，どのような税をつくるかということと同時に，連邦と州の税制の調和を図ることも課題となる。1956年には，連邦が設置した売上税検討委員会（Sales Tax Committee）が，製造者売上税から卸売売上税への転換を想定した改革案を提示していたが，その提言は政策に反映されなかった。

(2) カーター報告[5]

A カーター報告の原則──包括的所得税

1962年9月，当時の進歩保守党（Progressive Conservative Party）政権は，ケネス・カーター（Kenneth LeM. Carter）を委員長とする"Royal Commission on Taxation"（以下，カーター委員会と記す）を設置した。その課題は，租税の負担，経済（雇用，生活，貯蓄・投資，生産性，経済安定・成長，国際経済関係等）に対する影響，特例・不公平の実態，税法・税務行政等，じつに多岐にわたっていた。

カーター委員会は，数多くの個人・団体から意見を聴取しながら，慎重に審議を重ね，1966年12月，政府に報告書を提出した。カーター報告は，税制のもつ目標として，財・サービスの産出の最大化，産出物の公平な分配，個人の自由と権利の保護，そして連邦・州間関係の強化の四つを掲げたが，その中でもとくに公平の実現を重視することを宣言した。それは"taxation according to ability to pay"すなわち応能原則を意味しており，具体的には包括的所得税主義であった。

その主な内容は，キャピタル・ゲイン，遺産等を含めて，所得を総合して累進課税する（最高税率は50％以内），低所得者の税率を引き下げるとともに，人的控除を税額控除とする，課税単位を家族とする，法人所得税を存置するが，

---

[5] カーター報告（Canada [1966]）及びその一般売上税論について，詳しくは池上 [1997] を参照せよ。また，カーター報告に関する包括的な研究として，栗林 [2005] を参照せよ。

個人所得税との二重課税を解消するため，法人所得税の税率を50％に統一したうえで，両税を完全に統合する等である。

B　カーター報告の一般売上税論

では，徹底した包括的所得税主義を掲げたカーター報告の中で，一般売上税はどのように扱われたのだろうか。

労働組合の全国組織であるカナダ労働会議（Canadian Labour Congress）は，カーター委員会に提出した意見書の中で，累進的な所得課税の徹底を主張し，売上税は逆進的な税であるから，ぜいたく品に重課する複数税率を採用して逆進性を緩和すべきだと主張した[6]。

これに対して，産業界を代表するカナダ商業会議所（Canadian Chamber of Commerce）は，所得税を減税して売上税を拡充すべきだと主張し，とくに売上税については，①労働意欲，貯蓄及び投資に対するマイナスの影響が小さい，②逆進性は食料品免税，扶養手当，老齢年金等により緩和される，そして③課税範囲をサービスまで拡大すれば所得税の減収分を補てんできる，と主張した[7]。要するに，経済に対する中立性を重視したのである。

また，売上税の課税段階については，各流通段階の業界団体による意見書が興味深い。

カナダ製造業協会（Canadian Manufacturers' Association）の意見書は，小売売上税への転換を唱えた。その内容は，連邦税と州税を統合した小売売上税への改革であり，サービスにも課税するが，原材料・機械等の投資財は免税とし，徴税は連邦がおこなう，とされた[8]。

これに対して，カナダ卸売業協議会（Canadian Wholesale Council）は，製造者売上税の維持を要求した。その論拠は，インボイスの数は流通段階が進むにつれて急増し，検査が煩雑になるので税務コストが増大する，また流通コストを除く製品自体の価格に課税し，消費者がどこで購入しても税負担が同じになる

---

6) Canadian Labour Congress [1963] による。
7) Canadian Chamber of Commerce [1964] による。
8) Canadian Manufacturers' Association [1963] による。

第2章　一般売上税をめぐる政府間関係と政策形成過程

ほうが公平だ，というものであった[9]。

また，カナダ小売業協議会（Retail Council of Canada）は小売売上税に反対し，製造者売上税の維持を要求した。その理由は，①製造業者の数は少ないので納税・徴税コストが低い，②税の不公平を防ぐには卸売向け価格の決め方を法定すればよい，③税の分に対するマーク・アップは販売競争の中で消滅する，④政府サービスから受ける利益が見えにくい以上，消費者から見えにくい税であってもバランスはとれる，⑤小売売上税についてすべての州と課税ベースを統一するのは無理である，⑥小売業者の記帳が不十分な中で高率の小売売上税を徴収するのは困難であり，脱漏や免税拡大圧力が増大する，⑦製造業の寡占状況により価格は硬直的だから，製造者売上税から小売売上税に転換しても製造業者は販売価格を十分引き下げないので，消費者にとって増税となる，等であった。ただし，カナダ小売業協議会は所得税を税制の中軸とすることを支持しており，所得税の減税とくに累進性緩和が労働供給を増やすという効果には懐疑的であった。さらに売上税の逆進性を考慮した結果，売上税への依存拡大には明確に反対する立場が表明された[10]。

このように，産業界においても激しい利害対立が見られたが，カーター報告は，製造者売上税については，製品の流通コストや流通経路は多様であり，製造者の売上段階では消費者販売価格がわからない，"private brand" や輸入品の宣伝・販売コストに課税できていない等の理由から，消費税としての中立性・公平性を実現できない，という欠点を指摘した。また，卸売売上税についても，運送費等の算定に困難が残り，小売段階のコストや利益も多様なので，消費税としての非中立性は残ると評価した。

それに対して，小売売上税は，消費者に販売される時点で課税され，製品間の流通コストの相違を考慮する必要がないため，消費税としての中立性という点で優れている，と報告は高く評価する。また，課税ベースが広いために税率を引き下げられるうえ，税負担者が負担を認識できるのも利点とされる。さら

---

9)　Canadian Wholesale Council [1963] による。
10)　Retail Council of Canada [1963] による。

に，製造者売上税よりも徴税費は若干増大するが，食料品を免税にすれば小売業者は納税事務を担うことができる，と報告は述べる。

さらに，カーター報告はフランス等で既に導入されていた前段階税額控除型の付加価値税と小売売上税の優劣を論じている。①運営面について。付加価値税では完全な記帳と税還付システムが必要になる。これに対して，小売売上税のもとでは消費者以外の者が購入する場合の課税免除 (suspension) がおこなわれるが，税務当局がそれを調査するのは比較的容易である。②輸出取引について。小売売上税では課税免除がおこなわれ，付加価値税では控除が認められる。いずれにしても輸出業者は事業コストに含まれる税額を還付されるが，税務コストは小売売上税のほうが小さい。③実効性について。付加価値税は納税者が多く，税務コストを考慮すれば，連邦・州合計の税率が14％以内であれば小売売上税が優る。現行の製造者売上税と同程度の税収をあげるには連邦税率は7～8％なので，州税を加えてもその範囲に収まる。ただし，14％を超えると脱税の危険性が高まるので，付加価値税への転換が正当化される。④課税の範囲について。付加価値税は課税ベースが広い場合に適するが，免税あるいは複数税率を導入する場合は小売売上税が優る。

以上の検討にもとづいて，カーター報告は，連邦が製造者売上税を州と同じ小売売上税に転換し，双方の税を統合した運営をおこなうことを提案した。重要な点をまとめておく。

①課税の範囲について。制度の複雑化や資源配分の歪みを避けるためには，すべての消費財に課税すべきである。サービス課税については，税務・納税のコストを考慮して，最初は小売向けの特定のサービス（クリーニング，理美容，娯楽場，宿泊，駐車場，家具・宝石・自動車の修理等）に課税し，その範囲を徐々に拡大する。それに対して，生産財への課税は二重課税を招き，とくに資本集約的産業部門や国際競争が激しい部門を圧迫するので，消費用と区別できないもの（自動車，事務用品等）を除いて免税とする。

②逆進性対策について。一般売上税は所得に対して逆進的である。その対策としては，一定の金額を個人所得税から税額控除する「売上税額控除」制度も

ありうるが，全国民が所得税の申告をおこなう必要があるため，直ちに導入するのは困難である。そこで，食料品，家屋，電気，燃料，処方箋つき医薬品，身体障害者用器具，新聞及び書籍を免税財とし，医療，看護，入院，法務，教育，葬儀等のサービスも免税とする。

③連邦と州との関係について。連邦と州の小売売上税を統一的に運営して徴税と納税のコストを節約するために，両者の課税ベースを統一し，仕向地主義の間接税としての小売売上税とする。州は州税率を自由に設定し，税務を執行するが，小売売上税を課さない州では連邦が税務をおこなう。連邦税率は7％とし，連邦・州合計で14％を超えないようにするが，将来は連邦が個人所得税の取り分を増やし，また法人所得税を専有する代わりに，連邦の売上税を減税して，州の取り分を増やす。売上税は所得税よりも公平の面で劣っており，また所得税から売上税へのシフトが経済成長を促進する証拠はないので，将来は売上税の比重を低下させ，州が増収を必要とする場合は個人所得税を増税すべきである。

すなわち，包括的所得税原則にもとづいて，将来は連邦が所得税の取り分を増やす代わりに州に小売売上税を専有させ，しかも全体として個人所得税の比重を高める，ただし当面は小売売上税を両政府が共有し，州が統一的に徴収する，という構想が示されたのである。

C　1971年税制改革[11]

カーター委員会が報告をおこなった1966年12月の時点で，連邦の政権は既に自由党（Liberal Party）の手に移っていた。また，キャピタル・ゲインの完全課税，法人所得税率の単一化等について，経済界から激しい反対の声があがっていた。自由党政府は，カーター報告の内容を検討する委員会を財務省の中に設けたが，その作業は遅延し，政府が"*White Paper*"を発表したのは1969年11月であった。

---

11) カーター報告の発表後，1971年税制改革に至るまでの政策過程については，Bryce [1988], Robertson [1988], Benson [1988], Perry [1989], St-Hilaire and Whalley [1985] を参照せよ。

"*White Paper*"は，カーター報告の提案にさまざまな修正を加えた。たとえば，キャピタル・ゲインはその半額に課税する（ただし，売却しなくとも5年ごとに価格を再評価して課税する），法人所得税と個人所得税の統合を半分にとどめる，法人所得税の税率一元化は漸進的におこなう等である。

しかし，連邦議会下院の財政・通商・経済問題委員会は，"*White Paper*"の内容をより後退させた。そこからもさらに一定の後退を経て1971年に成立した税制改革（1972年施行）は，以下の点で報告とは大きく異なっていた。

個人所得税について。キャピタル・ゲインは実現分の半額のみに課税する（未実現の分は死亡時または国外転出時に実現されたと見做す）。雇用者給付や移転給付の一部も課税対象とするが，贈与・相続は所得に含まない（他方，贈与税・相続税は廃止する）とされた。また，課税単位は個人のままとされ，人的控除も所得控除のままとされた。法人所得税との統合は不十分なままであり，しかも控除額が税額を上回った場合も還付はおこなわない。また，法人所得税の二段階税率は継続され，法人についてもキャピタル・ゲインへの課税は実現された分の半額にとどめられた。

要するに，現実の政策過程の中で，カーター報告の掲げた改革案が骨抜きにされ，包括的所得税による応能原則の実現は事実上挫折した。また，法人所得税の二段階税率を温存する一方で，個人所得税との統合を不十分なままにしたため，所得を社内に留保したほうが有利になった。言い換えれば，個人株主よりも法人の利益を重視したのである。

さらに，一般売上税については，小売売上税を課している州からの支持がなく，なお研究が不十分だとして，改革は先送りされた。

(3) 進歩保守党政権によるGSTの導入

その後，1975年には物品税研究会（Commodity Tax Review Group）が製造者売上税から卸売売上税への転換を提言し，1981年には卸売売上税の導入が正式に予算化された。しかし，反発が強かったためにそれは延期された。1983年には，製造者売上税をやめてしまうよりも当面はそれを改良すべきだとする連邦売上

第2章　一般売上税をめぐる政府間関係と政策形成過程

税委員会（Federal Sales Tax Committee）の提言をいれて，卸売売上税は断念された。

それ以後は付加価値税を中心に検討が進められた。1987年，連邦のマルルーニー（Brian Mulroney）進歩保守党政権による新たな"*White Paper*"は，①連邦と州を統合する前段階税額控除型付加価値税（National Value Added Tax），②連邦のみの仕入控除型（帳簿型）付加価値税（Goods and Services Tax），③連邦のみの前段階税額控除型付加価値税（Federal Value Added Tax）の三つを候補に掲げたが，そのうち①を最も望ましい選択肢として考えていた。

しかし，州は課税ベースを小売段階まで広げた一般売上税を自らの税源と考えており，強く反発したため，連邦税と州税の統合は不可能であった。

そこで進歩保守党政権は，1991年，製造者売上税に代えて，③つまり連邦のみの前段階税額控除型（インボイス型）付加価値税を，名称のみ"Goods and Services Tax"（ＧＳＴ）として導入した。

ＧＳＴの導入により，徴税コスト及び納税コストは製造者売上税と比べて急増した。しかも，基礎的食料品に対するゼロ税率の適用やＧＳＴ控除だけでは，所得税と比較した逆進性は解消されなかった。最大野党である自由党は"replacing the GST"つまりＧＳＴに代わる連邦税を創設する抜本改革をおこなうことを主張した。さらに州は，連邦が州の分野を侵害したと批判した。

(4)　自由党政権による連邦・州間「調和」の模索
A　連邦下院財政委員会

1993年10月の総選挙によって成立したクレティエン（Jean Chrétien）自由党政権は，連邦下院財政委員会でＧＳＴ改革に関する各界の意見を聴取して方針を決めることにした。同委員会は多くの公述人を招いたが，財政研究者がそれぞれの学説を展開したほか，財界・各種業界，福祉団体，消費者団体，地方団体等の代表が納税コストや税負担についてそれぞれの利害を主張した。

下院財政委員会が1994年6月に公表した報告書 "*Replacing the GST*"[12] はＧＳＴを廃止した場合の連邦税としての代替案を一つずつ評価している。そのうち，「賃金税」は現役世代の負担を過重にする，「法人所得税の引上げ」は限界に来ている，「取引高税」「製造者売上税」「卸売売上税」「小売売上税」はいずれも事業投入財や輸出財の課税排除方法等に関してＧＳＴより劣る，「加算法の付加価値税」は非現実的である，として，いずれも退けられた。

　また「所得税の上乗せ」は経済的効率や投資に悪影響を及ぼす，「連邦がＧＳＴを廃止して所得税を増税するかわりに州が所得税を軽減して売上税を引き上げる税源交換」は，小売売上税の課税範囲がＧＳＴより狭いうえに州ごとにばらばらで，しかも事業投入財等の取り扱いに問題があるので，経済的な非効率・不公正を拡大する，「支出税」は資産・負債取引の開示を必要とし，また資本財・多用途財の取り扱いが難しいので，いま導入すべきではない，「帳簿型付加価値税」は免税品・ゼロ税率の採用が困難で，輸出財・輸入財の取り扱いにも難点がある，とされた。

　結局，報告書は，ＧＳＴと同じく前段階税額控除型の付加価値税で，連邦と州の一般売上税を統合した "National Value Added Tax" を導入することを提案した。この税は，事業投入財への課税を排除することで経済の効率化に貢献し，しかも制度をより簡素化できるとされた。また，州税の部分については，州ごとに税率が異なることも可能だとした。その場合，事業者同士による中間財の州際取引にはゼロ税率を用いることで，最終的には仕向地の税率が適用されるようにし，消費者が他の州で課税品を購入する場合はその売手の属する州の税率を適用する，とされた。

B　連邦・州財務相会議[13]

　上記報告書を具体化するかたちで，連邦のマーティン（Paul Martin）財務相は，1994年6月の連邦・州財務相会議において，ＧＳＴと州の売上税をそれぞ

---

12)　以下，Canada [1994 b] による。
13)　1994年の連邦・州財務相会議については，池上 [1998] 230ページ，務台 [1995 b] 43－47ページを参照せよ。

れ廃止し，それに代えて税率10％の"National Sales Tax"を導入するよう提案した。税収の「取り分」は連邦4％，州6％とし，現状より税収が減少する分は，連邦・州がそれぞれ比例的な所得税の上乗せによって補う，とされた。しかし州側は，一般売上税に関して州がもつ"flexibility"が大幅に失われることを問題視した。

1994年10月の連邦・州財務相会議では，連邦が"National Sales Tax"の税率を12％（連邦5％，州7％）とし，連邦は減収を補うために所得に1％の比例税を上乗せする，という修正提案を行った。しかし，オンタリオ州，ブリティッシュ・コロンビア州等はこれを「企業から個人への負担シフト」と批判し，アルバータ州はいかなる一般売上税にも参加しないことを表明した。また，ケベック州は一般売上税を連邦に移譲することを拒否した。

C　GSTと三州の小売売上税との統合——"Harmonized Sales Tax"

1996年4月，連邦政府と三つの州政府（ニューファンドランド・アンド・ラブラドル州，ニュー・ブランズウィック州及びノヴァ・スコシア州）は，連邦のGSTと三州の小売売上税を1997年4月から統合する"Sales Tax Harmonization"の覚書を交わした[14]。その内容を簡潔にまとめれば，つぎのようになる。①GSTの課税方法に，簡素化，公正化等の観点から改良を加える。②州売上税を付加価値税とし，課税ベースをGSTに合わせる。③税率は連邦7％（従来通り），州8％の合計15％に統一し，徴税は連邦がまとめておこなう。三州の税収は消費統計にもとづいて配分される。④改革の結果，州税が従来の制度に比して5％以上減収になる場合，その部分について，連邦が過渡的な財源補てん金を支払う。⑤それでも税収減少を補てんしきれない分について，各州が比例的所得税，賃金税または法人資本税を創設あるいは増税する場合，連邦は無償でその徴収を代行する。

従来の小売売上税率は，ニューファンドランド・アンド・ラブラドル州12％，ニュー・ブランズウィック州11％，ノヴァ・スコシア州11％だったので，改革

---

14) Canada[1996a;1996b], New Brunswick[1996], Newfoundland and Labrador [1996]；Nova Scotia [1996] を参照せよ。

により従来からの課税品については税率が引き下げられる。他方，従来大部分が非課税だったサービス分野は原則としてすべて課税対象となる。また，小売売上税は事業投入財（business inputs）にも課税されていたが，改革によりその課税は排除される。

　連邦及び三州の政府は，これにより，①州民の負担が軽減されると同時に，課税ベースの拡大によって小売売上税による消費行動の歪みが解消される，②企業にとって，制度が単純化されて納税コストが減少する，また州内の消費需要が拡大するとともに，貿易関連産業の競争力が増大する。③州政府にとって，徴税コストが減少するとともに，税収の安定性と伸張性が増大する，と改革の利点を強調した。

　それに対して，連邦野党は，自由党がＧＳＴに代わる税を創設するとの選挙公約を破ったと批判した。また，覚書に参加しない州からみれば，つぎのような問題がある[15]。

　第一に，従来小売売上税が課されていなかった理容，電気，燃料，子供服，書籍等の財・サービスについては，増税になってしまう。

　第二に，州税の税率を８％に統一すれば，州税率引き上げにつながる州が多く，住民の賛成を得られにくい。また，たとえ州による税率の違いが認められたとしても，一般売上税の課税ベース，税務行政等に関する州の"flexibility"がほぼ完全に失われる。

　第三に，課税品に対する需要の価格弾力性がゼロでない限り，事業投入財に含まれた小売売上税の一部は企業が負担していると考えられる。そこで，小売売上税から付加価値税への転換と課税ベースの拡大は，企業から消費者に負担をシフトさせる。

　第四に，三州が自由に税率を設定してきた売上税の減税による減収を連邦が補てんすれば，他州内で徴収された連邦税が無条件で三州に移転される。それは不当である。

15）　池上［1998］232ページを参照せよ。

この連邦主導による三州内の付加価値税は，さきに見たとおり"Harmonized Sales Tax"（ＨＳＴ）と呼ばれている[16]。この「調和」については，経済団体がおおむね支持しており，連邦政府は今回の改革は第一歩だとした。しかし，他の州は課税ベースの独自性等を重視したため，その後10年余り，新たな「調和」は実現しなかった。全国的な制度統一の見通しは不透明である。

Ⅲ　日本における消費税と地方消費税

1　一般消費税導入の動きと地方消費税
――事業税の外形標準課税との関連

(1)　財政危機と一般消費税

戦後日本において，消費税をめぐる国と地方の税源争いが表面化したのは，それほど古いことではない。むしろ，シャウプ勧告以来，戦後最大の論争点は事業税における外形標準課税導入の是非であった。たとえば，全国知事会「地方税財政制度改革に関する意見」（1960年1月）では，事業税について「その課税標準については，付加価値的要素をも取り入れた外形標準を加味することが適当である」との要望が出されている[17]。

高度経済成長が終わりを告げると，税の大幅な自然増収が期待できなくなり，他方で福祉政策と公共事業の拡大により，地方財政の窮迫が深刻化してきた。とくに1975年度及び1976年度は，地方税の減収を補うために建設地方債の枠を超えて特例地方債（赤字地方債）が発行される事態となり，地方財政危機が一気に顕在化した。

全国知事会は，1970年代にはいると臨時地方行財政基本問題研究会を設置して研究を進め，法人事業税の外形標準課税を繰り返し要望してきた。とくに「昭和52年度地方税財政に関する緊急要望」（1976年12月）の中で，全国知事会は

---

16)　その後，連邦税（ＧＳＴ）の税率が引き下げられたため，2008年現在，ＨＳＴの税率は13％（連邦5％，州8％）である。
17)　全国知事会［1997］74ページを参照せよ。

法人事業税の外形標準課税の即時実施，利子配当所得への地方税賦課などを求め，とくに法人事業税については，「法律改正が行われない場合においても，遅くとも昭和53年度からは条例によって実施することを目途に，諸般の準備を整える」ことを表明して，法人事業税外形課税実施問題研究会を設置した。地方財政危機を契機として，地方税の充実と税収安定化の要求は格段に強まったのである。

　もちろん国の財政危機も深刻であった。1975年度以来，多額の特例公債発行を強いられて，一般会計の公債依存度は三割に上ったのである。財源不足を緩和するために，国は一般消費税の導入を本格的に検討し始めた。

(2) 政府税制調査会における一般消費税と地方消費税の制度設計

　政府税制調査会の「今後の税制のあり方についての答申」（1977年10月4日）は，自然増収や歳出縮減による特例公債依存脱却は無理であるとの認識のもとに，「新税の検討」をおこなっている。その中で，とくに一般消費税として製造者消費税，ＥＣ型付加価値税，大規模売上税，大規模取引税の四つを取り上げ，そこから「広く一般的に消費支出に負担を求める」観点から単段階課税である製造者消費税を除外して，残る三つについて，納税義務者と課税標準，小規模零細事業者の除外，非課税の範囲，税率，累積課税の排除，限界控除，申告納付，他の税との調整等について検討している。

　ここで注目すべきは，一般消費税と事業税の外形標準課税との関係である。1977年10月答申は，事業税の外形課税における最終的な負担者は消費者であって新税と共通する，また新税が売上額を課税標準に用いることも外形課税と共通する面をもつ，と述べる。そこで，㈱「国税において新税を創設するに際し，その一部を売上高，従業員割その他適切な基準により都道府県に配分する方法」，もしくは㈹「地方財源として配分される新税のうち地方税とされる部分については，事業税の一部にこれを加えることとし，現行の所得課税方式と併用する方法」を検討すべきだと述べる。こうして，一般消費税の一部を地方団体に配分することによって事業税の外形標準課税問題をも合わせて解決しよう

第2章　一般売上税をめぐる政府間関係と政策形成過程

とする議論が出てきたのである。

　政府税制調査会は「昭和53年度の税制改正に関する答申」(1977年12月20日) において，できるだけ早く一般消費税の具体案をとりまとめて広く検討を求めるべきだと述べ，1978年夏から作業を本格化させた。8月8日の総会で設置された一般消費税特別部会は9月上旬までの間に集中的に作業をおこない，「一般消費税特別部会報告」(1978年9月12日)[18] を総会に提出した。

　「一般消費税特別部会報告」は，「一般消費税特別部会試案」を提示している。その骨格は，財貨の引渡し・輸入及びサービス提供に広く課税する，売上高を基準として小規模零細事業者の納税義務を免除する，性格上課税になじみにくい取引（輸出取引，資本移転，金融取引）及び政策的配慮から課税が適当でないもの（食料品，社会保険医療，学校教育・社会福祉事業）は非課税とする，他の個別消費税との調整（新税へ吸収，存続して併課等）をおこなう，課税標準は売上高（輸入については引取価格）とするが，累積課税排除のために仕入控除方式（アカウント方式）をとる，税率は単一税率とする，中小事業者について限界控除制度及び簡易課税制度を設ける，というものである。

　また，「試案」と同時に提出された「審議経過の概要」の中には，新税と事業税の外形標準課税との関係について，1977年10月の中期答申が掲げた二つの方法についての議論が紹介されている。(イ)国税として創設する新税の一部を都道府県に配分する議論は，流通の各段階を通じて国税として一体的に徴収し，税収が消費地に帰属するようにすべきであり，納税者にとっても便宜であり，国境税調整をおこなうこともできる，というものであり，一般消費税と事業税を別のものと見る議論であった。(ロ)新税のうち地方税に配分する部分を事業税の一部とする議論は，新税の課税標準は事業税の外形課税標準として使うことができ，しかも国税と同じ仕組みや現行の分割基準等を使えば納税者の便宜にも適う，との議論であった[19]。結局，この段階では合意が得られなかった。

　一般消費税特別部会はさらに12月まで審議を続けて「試案」の具体化を図り，

---

18)　財務省財務総合政策研究所財政史室編 [2003] 295-309ページを参照せよ。
19)　同前，307-308ページ。

「一般消費税特別部会審議経過報告」(1978年12月26日)を総会に報告した。それを受けて政府税制調査会は「昭和54年度の税制改正に関する答申」(1978年12月27日)の別紙として「一般消費税大綱」[20]を掲げた。「大綱」は「試案」が提示した仕入控除方式の一般消費税を採用することを確認し，小規模零細事業者の納税義務を免除する免税点を売上高2,000万円とする，税率は5％とする，限界控除制度及び簡易課税制度の適用はいずれも売上高4,000万円以下の事業者とする，その他，具体的な制度設計を示し，昭和55年から実施すべきことを提言した。

「大綱」は，「新税の地方団体への配分」について，上記の(イ)案を採用し，「①新税のうち地方団体へ配分される額の一部を新たに設ける地方消費税(道府県税。仮称)とする。地方消費税の課税標準は，納税者の便宜を考慮し，一般消費税(国税)の額とする。②これにともない，都道府県・市町村間の税源配分の見直しを行う」と述べている。

(3) 地方団体の活動と国の対応

全国知事会が設置した法人事業税外形課税実施問題研究会は「法人事業税の外形課税の実施に関する報告」(1977年11月30日)をまとめ，その中で条例によって外形課税を実施する準備が整ったことを明らかにした。しかし，政府税制調査会による1977年10月の中期答申が新税と事業税の外形標準課税との関係を検討する方針を掲げたため，全国知事会は1978年1月20日の全国知事会議において，条例による外形課税の実施を延期することを決定した[21]。

1978年末になると，全国知事会は「昭和54年度地方税財政対策に関する緊急要望」(1978年12月16日)の中で，「地方税の充実強化」として「新税の創設を含め租税負担水準の適正化をはかる」ことと「事業税への外形標準課税」を，地方道路税と軽油引取税の税率引き上げ及び租税特別措置等の縮小と並べて要望している。この時点では，一般消費税の導入と事業税の外形標準課税とは別問

---

20) 同前，48-51，310-312ページ。
21) 全国知事会［1997］74-75ページ。

第2章　一般売上税をめぐる政府間関係と政策形成過程

題であり，その両方を要求する文面になっている。

　しかし，議論は急速に一般消費税へとシフトしていく。地方六団体[22]連名の「地方財政対策に関する緊急要望」（1978年12月26日）では，「新税を創設する場合は，その一部を地方独立財源とし事業税の外形標準課税導入問題を解決するとともに，併せて市町村への税源配分を考慮すること」となっており，新税の一部が地方税になれば，それが地方消費税であっても事業税の外形標準課税問題が解消されるかのような表現になっている。

　同日の地方六団体「一般消費税の国・地方間の配分に関する緊急要望」（1978年12月26日）では，さらに具体的に，「この新税が国税・地方税を通ずる基幹税目であることにかんがみ，現行の国・地方間の税財源配分のしくみを踏まえ，その増収額の二分の一は地方財源として配分する」として「①一般消費税創設による増収額については，国税三分の二，地方税三分の一の割合によって税源配分を行うものとする。このため，地方独立税として「地方消費税」を創設する。②国税として創設される一般消費税については，これを地方交付税の対象税目に加える」とされている。

　確かに，一般消費税に対する「交付税率」を25％にすると仮定すれば「1/4×2/3＋1/3＝1/2」なので，「増収額の二分の一は地方財源」となる。また，ここでは地方消費税が地方団体の「基幹税目」という位置づけを与えられていることに注目すべきである。

　なお，政府税制調査会と同じく内閣総理大臣の諮問機関である地方制度調査会も，「地方行財政に関する当面の措置についての答申」（1978年12月25日）において，地方六団体と同様に，一般消費税の導入にあたって「地方自主財源たる地方税の増強」と「すべての地方公共団体に対する財源保障機能をもつ地方交付税の充実強化」を同時に図る措置を講じることを求め，一般消費税の一部を「国税・地方税を通ずる現行の税財源配分に即して，地方独立税とし，これにより事業税の外形標準課税導入問題の解決を図る」と述べている。

---

22)　地方六団体とは，全国知事会，全国都道府県議会議長会，全国市長会，全国市議会議長会，全国町村会及び全国町村議会議長会を総称する言葉である。

これに対して，大蔵大臣の諮問機関である財政制度審議会[23]は，「昭和54年度予算の編成に関する建議」(1978年12月27日)において，一般消費税を導入するのは「国・地方を通ずる財源不足の事態を改善する」ためだから，税収の配分も「国と地方の財政の窮迫度等を十分勘案して対処すべきである」と述べる。また，同審議会が同じ日に提出した「地方財政に関する中間報告」(1978年12月27日)は，「国及び地方の財政状況に関する諸指標を通じて，全体としては，国の方が深刻な財政難に直面している」との認識を示し，一般消費税について「それぞれの財政の窮迫度等を勘案して配分する」ことを主張するのと合わせて，配分の仕組みについても地方団体間の税源の偏在を拡大するおそれや納税者の便宜，税務行政の効率化の観点から慎重に検討すべきとの意見を紹介している。要するに，地方団体への配分を少なくしようとの意図は明白である。

(4)　一般消費税の挫折

　当初，大蔵省主税局は「昭和54年度税制改正」の中で一般消費税導入を実現しようとしていたが，与党の動きは慎重であり[24]，大平正芳内閣は「昭和54年度予算編成方針」(1978年12月28日)及び「昭和54年度税制改正の要綱」(1979年1月19日)において，一般消費税を「昭和55年度中に実現できるよう諸般の準備を進める」方針を決定した。

　大平内閣は自民党安定政権を目指して1979年9月7日に衆議院を解散した。しかし，総選挙における最大の争点になった一般消費税について国民の批判は強く，大平首相も9月26日の記者会見において一般消費税の導入を断念することを表明した。選挙結果は自民党の敗北に終わり，衆参両院の「財政再建に関する決議」(1979年12月21日)では，「財政再建は，一般消費税(仮称)によらず，まず行政改革による経費の節減，歳出の節減合理化，税負担公平の確保，既存税制の見直し等を抜本的に推進することにより財源の充実を図るべき」ことが

---

[23]　財政制度審議会の建議及び報告の全般的な内容については，財務省財務総合政策研究所財政史室［2004］240－243ページを参照せよ。

[24]　財務省財務総合政策研究所財政史室［2003］52－53ページ。

掲げられ，大平内閣もそれを受け容れた[25]。

一般消費税の挫折にともない，「地方消費税」も立ち消えとなった。それにより，事業税の外形標準課税も問題として引き続き残ることになった[26]。

2 消費税導入時における地方財源確保策

1980年代は「増税なき財政再建」及び「行政改革」をスローガンに歳出抑制が最大のテーマとされたが，一般売上税を導入する動きが消滅したわけではなかった。むしろ，所得税減税の要求が強まる一方で，1984〜85年にＯＡ機器に対する物品税課税が挫折したのを受けて，政府内部では「抜本的税制改革」として「新しいタイプの間接税」の導入を進める動きが強まった[27]。

(1) 売上税の導入失敗

中曽根康弘内閣のもとで実施された1986年7月6日の衆参同日選挙では，自民党が大勝した。ただし，与党が「所得税，住民税の抜本改正と減税の断行」を公約する一方で，中曽根首相は以前から国会で「多段階，包括的，網羅的，普遍的で大規模な消費税を投網をかけるようなやり方はとらない」と発言しており[28]，また選挙にあたっても「国民が反対し，党員も反対するような大型間接税と称するものは，やる考えはない」と表明していた[29]。

しかし，現実には「新しいタイプの間接税」を導入する動きが加速する。政府税制調査会「税制の抜本的見直しについての答申」（1986年10月28日）では，Ａ案「製造業者売上税」（非課税リストと免税購入票を併用する方式［Ａ－①案］並び

---

25) 同前，58−61ページ。
26) 全国知事会「昭和55年度地方税財政対策に関する緊急要望」（1979年12月13日）では，地方税の充実策の一つとして「法人事業税への外形標準課税方式の導入を積極的に推進すること」が掲げられたが，一般消費税への言及は見られない。
27) 「抜本的税制改革」をめぐる政策過程について，詳しくは財務省財務総合政策研究所財政史室［2003］第1章第15〜16節，第3章第1節及び第4節を参照せよ。
28) 『第102回国会衆議院予算委員会議録』第5号（1985年2月6日）による。
29) 財務省財務総合政策研究所財政史室［2003］118−119，392−394ページ。

に免税購入票のみを活用する方式［A－②案］)，B案「事業者間免税の売上税」，C案「日本型付加価値税」(税額控除票を用いる前段階税額控除方式）の三類型四方式が提示され，それぞれの長所と短所が検討されている。

答申は三類型四方式の中でどれを採用すべきかを特定してはいないが，ここで注目すべきは，いずれの類型・方式にも共通する仕組みを検討した中で，「事業税の外形標準課税との関連」について，「新しいタイプの間接税」の一部を地方の間接税とすることが適当であるとの意見が多く出されたが，導入案の具体化に対応して国・地方の税財源配分のあり方等にも留意して処理すべきだとの意見もあったことが紹介された点である。この時点では「地方の間接税」すなわち「地方消費税」が再提案される可能性もあったといえる。

自民党税制調査会における協議も経て税制改革案が具体化された政府税制調査会「昭和62年度の税制改正に関する答申」(1986年12月23日）は，抜本答申の「新しいタイプの間接税」のうち，C案をベースとする「売上税」の導入を提案した。その内容は，資産の有償譲渡・貸付け，役務の提供及び輸入貨物に広く課税する，売上高を基準として小規模零細事業者の納税義務を免除する，相当数の非課税取引を設ける[30]，輸出取引は免税とする，課税標準は売上高（輸入については引取価格）とし，累積課税排除のために前段階税額控除方式（税額票方式）をとる，税率は5％とする，免税点を売上高1億円とする，1988年1月1日から実施する，といったものである。「一般消費税」との主な相違は，前段階税額控除方式（税額票方式）を採用した点，免税点を高く設定した点，そして非課税取引を大幅に増やした点である。

しかし，売上税の地方団体への配分については，地方の間接税の売上税への吸収及び所得税・住民税の減税にともなう地方税と地方交付税の減収を補てんするため，売上税の一定割合を人口等の一定の基準により地方団体に譲与する

---

[30] 資本移転，金融取引，飲食料品・飼料，社会保険医療・医薬品・医療器具，学校教育・検定済教科書，社会福祉事業・身体障害者用物品，不動産賃貸・住宅・住宅建築，旅客輸送，新聞購読料，アマスポーツ・伝統芸能公演，中古自動車，国・地方団体等の民間と競合しない事業の売上げ等が非課税とされた。

とともに，売上税を地方交付税の対象税目とすることが適当である，とされた。すなわち，地方譲与税と地方交付税による財源補てん方式がとられ，自主財源としての「地方消費税」の途が閉ざされていた。

売上税は「大型間接税」を導入しないという中曽根内閣の公約違反であり，しかも逆進性の強い大衆課税である，との批判が国民の間で強まった。経済界においても全国の商工会議所及び流通業界，繊維業界などが反対運動に加わり，自民党の地域組織からも反対や修正を求める動きが出てきた。そして，1987年3月8日の参議院岩手選挙区補欠選挙で社会党候補が圧勝したことは国民の売上税に対する強い拒絶を示すものとして政界に衝撃を与えた。国会の予算審議は大幅に停滞し，暫定予算の期間が50日間にも及んだのである。結局，衆議院議長の斡旋により，売上税関連法案は審議未了で廃案となった[31]。

(2) 消費税の成立

売上税の導入は失敗したものの，政府は課税ベースの広い間接税を諦めたわけではなかった。衆議院議長の斡旋により設置された与野党の税制改革協議会で合意された所得税・住民税の減税，マル優等の廃止などは1987年9月に成立し，「税制の抜本的見直し」の一部前倒しがおこなわれた形になった。1987年10月に竹下登内閣が成立すると，翌11月から政府税制調査会は抜本的税制改革の議論を開始した。

1988年3月25日の政府税制調査会総会で取りまとめられた「税制改革についての素案」の中で，「望ましい間接税」としては「累積排除方式」つまり付加価値税と，「累積方式」つまり取引高税の二類型があげられた。そして，翌月の政府税制調査会「税制改革についての中間答申」（1988年4月28日）の中では，「消費一般に広く薄く負担を求める」制度の必要性をあらためて確認したうえで，売上税の失敗を反省して，累積排除方法，非課税取引，税率，免税点，名称などを見直すことを示唆し，たとえば，税額票を用いずに帳簿上の記録から

---

31) 財務省財務総合政策研究所財政史室［2004］632-635ページを参照せよ。

税額控除額を計算することもできる，免税業者からの仕入についても税額控除できる，といった選択肢を掲げている。ただし，「中間答申」は「望ましい間接税」を一つの制度として明確な形では提示していなかった。

その後，自民党税制調査会が制度の具体化作業を進め，6月14日の自民党「税制の抜本改革大綱」では，新税の名称を「消費税」とする，前段階税額控除を「自己記録による方法」(帳簿方式)でおこなう，税率は3％とする，事業者免税点を売上高3,000万円とする，非課税取引を厳しく限定する，売上高5億円以下の事業者は簡易課税制度を，6,000万円以下の事業者は限界控除制度を選択できる，と制度内容を初めて国民に提示した。翌日の政府税制調査会「税制改革についての答申」(1988年6月15日)はさきの「中間答申」を「最終答申」とすることを表明した。政府は，6月29日に「税制改革要綱」を閣議決定した。これは，消費税の創設だけではなく，所得税・住民税の減税，法人税の税率引下げ及び見直し，相続税・贈与税の軽減，酒税の簡素合理化と負担見直し，そしてたばこ消費税・石油税・取引所税・有価証券取引税・印紙税の見直しを内容としていた。

7月19日に開会された臨時国会では，1988年分の所得税減税を分離して先行処理し，その後，政府が税制改革関連法案を国会に提出した。野党は不公平税制の是正を優先することを主張し，この時点での消費税創設に反対した。これにリクルート問題が加わり，法案審議はなかなか進まなかった。自民党が公明党・民社党との協議を進め，修正要求を一部受け入れた結果，法案は11月16日には衆議院本会議で可決，12月24日には参議院本会議で可決されて成立し，12月30日に公布された。消費税は1989年4月1日に導入された。

この税制改革による税収への影響(平年度)は，減収が所得税・住民税減税3兆3,000億円，相続税減税7,000億円，法人税・法人住民税減税1兆8,000億円，個別消費税の廃止等3兆4,000億円，合わせて9兆2,000億円，増収が負担の公平の確保等1兆2,000億円，消費税の創設5兆4,000億円，合わせて6兆6,000億円であり，差し引き2兆6,000億円の減税超過となった。

なお，地方税財源との関係については，1988年4月の政府税制調査会「税制

改革についての中間答申」において,「新消費税の一部を地方の間接税とすることについては,制度の簡素化の要請,納税者等の事務負担の問題等があるので適当ではないとする意見が多かった。したがって,新消費税の地方団体への配分は,他の方法によって行うことが適当である」と明記されており,自主財源としての「地方消費税」への途はここでも閉ざされていたのである。

結局,地方の間接税の消費税への吸収（電気税,ガス税,木材取引税の廃止,娯楽施設利用税・料理飲食等消費税の縮小）及び所得税・住民税・法人事業税の減税にともなう地方税と地方交付税の減収を補てんするため,消費税の20％を人口基準により地方団体に譲与する消費譲与税が設けられ,また,消費税を地方交付税の対象税目（交付税率24％）とすることになった。これは売上税法案の時と同じ仕組みであった。

(3) 地方団体の活動

課税ベースの広い間接税を導入しようとする国の動きに対して,地方団体は「税制改革に伴う地方税財源の確保」を要求したものの,それを地方税という形でおこなうことを強く求めたとはいいがたい。

とくに,売上税の導入に際しては,1987年4月の統一地方選挙を控えて,国民の反対が強い売上税には批判的もしくは慎重な意見が強かった。野党だけでなく自民党地方組織からも法案撤回を求める動きが強まり,地方議会や首長としても反対や慎重な対応を求める声が高まった。参議院岩手選挙区補欠選挙の後はその動きがいっそう加速した[32]。売上譲与税を歳入予算に計上しない地方団体も続出した。こうした地方政界全体としての動きは,国を売上税の導入断念に追い込む大きな要因となった。

したがって,消費税の導入に際して,地方六団体は自主財源としての「地方消費税」を強く要求しなかった。地方自治確立対策協議会の「今回の税制改革における地方税財源の確保に関する緊急要望」（1988年5月10日）では地方交付税

---

32) 詳しくは,中村 [1988] 145－162ページを参照せよ。

の対象税目拡大と交付税率引き上げ，そして既存の地方間接税が安定的かつ相当の税収をあげているという地方税としての特徴に十分留意することを要望したにとどまる。また，政府・与党案が固まった時期の地方自治確立対策協議会「税制改革における地方税財源の確保に関する緊急要望」(1988年6月15日)は，改革にともなう地方税・地方交付税の減収に対しては「新しい方式の間接税」にかかる地方譲与税と地方交付税によって完全な補てん措置を講ずるよう要望した。

地方団体は，あえて新税導入の当事者となる途を選ばず，国の消費税導入に協力する態度をとったといえる。

3 地方消費税の創設

1990年代に入り，自民党政権から非自民党政権へ，そして再び自民党中心の政権へと政界の激動が続くとともに，総合的な税制の見直し，とくに消費税の税率引き上げが大きな論争点となった。それに加えて地方消費税の創設が問題化したのである。

(1) 地方消費税創設の要求と政府税制調査会の議論

1993年8月9日に発足した非自民連立政権の細川護熙首相は，9月3日に政府税制調査会に対して実質的な諮問をおこなった。これに対して，地方六団体は，地方自治確立対策協議会「抜本的税制改革に当たって消費譲与税の地方消費税への組替えに関する緊急要望」(1993年10月26日)及びその後の地方六団体幹部と政府首脳との会談において，「①高齢化社会への対応等，地方税源の確保が不可欠であること，②消費税導入時は，新税の円滑な導入に地方としても協力するため，やむを得ずその一部を消費譲与税としたこと，③したがって，今回の税制改革に当たっては地方自治の原点に立ち返り，消費譲与税の地方消費税への組替えを行うこと」[33]を要望した。

---

33) 全国知事会 [1997] 216ページ。

第2章　一般売上税をめぐる政府間関係と政策形成過程

　ところが，1993年11月19日の政府税制調査会「今後の税制のあり方についての答申」においては，地方消費税について，「税制の簡素化を重視すれば，地方財源の確保は地方譲与税でも差し支えないのではないか」「地方消費税は，税の帰属地と消費地との関係や国境税調整の問題，納税コストの観点から困難ではないか」等の意見が紹介されたうえで，地方消費税を含む地方税源の問題は「今後，消費税のあり方の見直しと併行し，検討を加えることが必要であると考えられる」と慎重な見方が示された。この答申について，地方団体の側では「地方消費税構想は，譲与税方式で決着済みであり，消費税率引き上げこそが最優先課題であるとの考え方が強く，地方独立税の考え方はむしろ否定的な答申であった」[34]と批判的な評価が見られる。

　その後，細川首相による事実上の「消費税率7％」案である「国民福祉税」構想の発表（1994年2月3日）とその撤回（翌2月4日）を経て，税制改革の議論は消費税の取り扱いを中心に，新たな段階に入った。

　1994年4月8日の諮問を受けて議論を開始した政府税制調査会は，4月12日の総会で地方税源問題ワーキング・グループの設置を決定した。ワーキング・グループは財政学・税法等の研究者12名で構成されており，4月から5月にかけて6回会合を開いて理論的検討を行い，①地方税の意義，地方税源の充実確保の必要性，②地方税源の充実確保の方向，③地方税源の充実確保のための選択肢，④「地方消費税」の意義とその検討事項，の四点にわたって論点を整理した報告書「地方税源問題についての検討結果」を5月27日，総会に提出した[35]。

　そのうち④「地方消費税」の意義とその検討事項については，（ⅰ）「地方消費税」の意義，（ⅱ）課税根拠，税の帰属地と消費地の関係，（ⅲ）分割基準，（ⅳ）国境税調整，（ⅴ）納税者，課税団体の事務，（ⅵ）課税自主権，（ⅶ）事業税との関係，（ⅷ）市町村への税源移譲，の八つに分けて，それぞれ積極論・消極論の両論併記の形がとられた。

　ここでは，とくに重要な「課税根拠，税の帰属地と消費地の関係」及び「事

---

34)　同前，217ページ。
35)　詳しくは，丸山［1995］を参照せよ。

業税との関係」に限って，内容を簡潔にまとめておきたい[36]。

○課税根拠，税の帰属地と消費地の関係

[積極論]・負担者は最終消費者だが，財貨・サービスの価格形成に際し各流通段階の地方行政サービスが寄与するから，税収が事業所所在団体に帰属するのが合理的である（原産地原則）。
・県境管理は不可能なので，地方付加価値税は原産地原則によらざるをえない。
・管轄外の居住者でも，NEXUS（帰属）関係があれば消費税を課税できる。
・地方消費税は，地方行政サービスによる生産物価格下落という消費者利益に負担を求める税である。

[消極論]・最終消費者に負担を求める場合，消費地と税収の帰属地は一致すべきであり（仕向地原則），それが一致しないのは問題である。
・課税根拠を行政サービスへの対価という点に求めるのであれば，輸出企業への還付や金融機関・不動産会社の取引への非課税措置は根拠がなくなる。

○事業税との関係

[積極論]・事業税は直接税としての企業課税であり，外形標準課税を導入してもそれは同じである。「地方消費税」は間接税としての消費課税であり，性格が異なる。

[消極論]・課税根拠を行政サービスへの対価という点に求めるのであれば，事業税の外形標準課税の問題と関連して二重課税になるのではないか。

このように，最も基本的な検討事項についても研究者の間で意見が分かれる中で，「いずれにしても『地方消費税』の問題には，租税理論上いくつかの問

---

[36] 地方税源問題ワーキング・グループ「地方税源問題についての検討結果」（1994年5月27日。佐藤・滝編［1995］284－305ページに収録）にもとづいて整理した。

第2章　一般売上税をめぐる政府間関係と政策形成過程

題があるとしても，最終的には，政策判断の問題であり，消費税収を国と地方との間で合理的に配分するメカニズムがいかに構築できるかどうかという問題に集約される」との意見も出された[37]。地方分権を推進するために地方消費税の実現を目指す側から見れば，十分な理論的検討を経たうえで議論が一方に収斂せず，報告書の中に「政策判断の問題」という意見が明記された点は重要であった[38]。また，報告書には「参考」として「地方消費税の骨子」及び「国境税調整システム案」が提示された。今後の検討にあたっての「たたき台」が示されたことにより，「地方消費税」は一気に現実味を帯びて政治舞台に登場する。

政府税制調査会「税制改革についての答申」(1994年6月21日)では，なお慎重な意見があることも踏まえて，「今後とも引き続き地方分権の推進に真に資する地方税源充実の具体的方策に関し，この『地方消費税』案について更に検討を深めつつ，幅広く検討を行い，可及的速やかに結論を得るべく審議を行うこととしたい」と記された。

また，非自民連立政権から社会党が離脱したために少数与党政権として1994年4月28日に発足した羽田孜内閣のもとで，連立与党は「福祉社会に対応する税制改革協議会」を設置した。そこでは地方消費税について，地方分権推進や都道府県の税収安定化のための現実的な選択肢であるとの意見と，消費地と税の帰属地との不一致，税収の偏在，納税者の事務負担，市町村の財源補てん等を考慮すると慎重にならざるをえないとの意見が対立した。結局，6月21日の報告書では，地方消費税について「現時点では，制度の妥当性，実現可能性についての結論は得られなかったところであり，この問題についての検討は，今後とも進めなければならない」と議論は先送りされた。

(2) 村山内閣の税制改革における地方消費税の実現

政府税制調査会答申と非自民連立与党の税制改革協議会報告がおこなわれた

---

37)　同前，4ページ（佐藤・滝編 [1995] 289ページ）。
38)　とくに当時の自治省関係者の見解として，丸山 [1995] 182, 185-186ページ，務台 [1995a] 191ページを参照せよ。

直後，羽田内閣は退陣し，1994年6月30日，自民党・社会党・新党さきがけの連立による村山富市内閣が発足した。新たな連立与党は，7月19日，与党税制改革プロジェクト・チームを発足させて，税制改革を早急に進めようとした。

　地方消費税については，与党・大蔵省・自治省の調整が進められたが，道府県税として地方消費税を創設することを主張する自治省と，税の帰属地と消費地の不一致が生じること，納税者の事務負担増大，市町村の財源補てん等の問題をあげて慎重な態度をとる大蔵省との対立が解けなかった。自治省は，当初，流通段階の各事業所所在団体に税収を帰属させる原産地原則をとる地方消費税を主張していたが，EUにおける付加価値税改革論の動向を研究したうえで，方針を一部転換し，「課税システムとしては流通段階の各都道府県が課税する制度（原産地原則）としつつ，一旦都道府県に入った地方消費税を消費に関する指標により各都道府県で清算する仕組みを導入することで，実質的に『最終消費者と税収の帰属地との不一致』を解消することができないものか」との提案をおこなった[39]。大蔵省はそれでも慎重な態度を崩さなかったが，納税者の事務負担に配慮して当分の間，国の税務署に賦課徴収を委託することで，さらに調整が図られた。

　1994年9月20日，内閣官房長官・大蔵大臣及び自治大臣の三者会談で地方消費税の創設が合意され，9月22日には与党税制調査会はそれを含む「税制改革大綱」を決定した。この時点で，地方消費税の創設は事実上決まったのである[40]。

　与党三党の「税制改革大綱」の中で，消費税率は4％に引き上げられ，それに地方消費税（一定税率とし，消費税額の25％［税率1％分］とする）を加えた税率は5％とされた。地方消費税の内容については，①地方分権の推進，地域福祉

---

39) 務台［1995a］194ページ。なお，この「清算」（clearing house）システムを最初に提唱したのはCnossen［1983］である。

40) 村山内閣における税制改革を政治学的に分析した加藤［1997］第8章第3節は，地方消費税創設という結果を「大蔵省と自治省間の妥協が連立与党内の勢力に支持される形で，決定された」と評価し，とくに自治省が地方の利益に関心の深い村山富市首相や武村正義蔵相といった「少数ではありながらも連立与党内の主要政治家の支持を得て，地方消費税導入を成功させた」という面を重視している（294−296ページ）。

第2章　一般売上税をめぐる政府間関係と政策形成過程

の充実等のため、地方税源の充実を図ることとし、消費譲与税に代えて、消費に広く負担を求める地方消費税を道府県税として創設する、②地方消費税は、事業所等の所在地である都道府県が課税するが、納税者の事務負担の軽減等を図るため、賦課徴収は当分の間、国が消費税と併せて行う、③都道府県は、地方消費税収を消費に関連した基準により、都道府県間で清算する、④都道府県は清算後の税収の二分の一相当額を市町村に交付する、とされた。

　地方消費税の創設を含む地方税法等の改正案は衆参両院で可決されて、1994年11月25日に成立、12月2日に公布され、地方消費税は1997年4月1日に施行された。なお、税率については財政事情や行財政改革の状況等を勘案して検討するとの条項が付されていたが、実際には国4％、地方1％分という既定の法律通りの税率で施行された。

　また、都道府県間の清算基準（ウェイト）は、「小売年間販売額（商業統計）」と「サービス業対個人事業収入額（サービス業基本統計）」の合計額が八分の六、「人口（国勢調査）」が八分の一、「従業者数（事業所統計）」が八分の一とされている。さらに、各都道府県から市町村への交付基準は「人口」二分の一、「従業者数」二分の一である。

(3) 地方団体の積極的な活動

　地方消費税の創設に際しては、消費税成立時とは異なり、地方団体が積極的な活動を繰り広げた。その点をあらためて確認したみたい。

　上述の通り、1993年11月の政府税制調査会答申が地方消費税の創設に消極的であったことに対して、地方六団体の地方自治確立対策協議会は、1993年12月3日の「地方税財源緊急総決起大会」で「地方税財源の確保に関する決議」をおこない、その中で消費譲与税を地方独立税である地方消費税に組み替えることを要請し、12月21日の全国知事会議における決議、1994年1月27日の地方六団体「平成6年度の地方財政対策について」においても同様の要求を掲げた。

　また、都道府県で構成される全国地方税務協議会は13団体の税務担当課長による「地方消費税推進会議」を設置した。同会議は1994年1月18日、「地方消

費税要綱試案」を発表したが，そこでは課税標準・納税義務者・非課税・免税・徴収方法等を国の消費税と同一にして，一定税率の課税を都道府県がおこなう原産地原則型の地方消費税が提案された。

その後，細川内閣から羽田内閣，村山内閣と政権が交代する中でも，地方六団体の地方自治確立対策協議会は「地方税体系の抜本的改革に当たっての地方消費税の導入に関する緊急要望」(1994年6月7日)，「地方消費税の導入に関する緊急要望」(1994年8月31日) と一貫して地方消費税創設を政府・政党に要求し続けたのである。

4 地方分権における税源移譲論と地方消費税

地方消費税は「地方分権の推進，地域福祉の充実等のため」に地方税源を充実する方針を掲げて導入されたが，その後，地方分権推進委員会の活動にもとづいて，国から地方団体への国庫補助負担金を廃止・縮減して，地方税を充実する税源移譲を進めることが新たな課題とされるようになった。その動きは，2002年以降，国庫補助負担金，地方税，地方交付税の「三位一体の改革」として推進され，2006年度までに，国税から地方税への税源移譲としては，所得税から個人住民税所得割への税源移譲が3兆円規模で実現した。

しかし，地方六団体は2007年度から「第二期」の改革を実行して，国庫補助負担金のさらなる廃止・縮減に応じた税源移譲を進めて分権型税財政制度を構築するよう要求している。既に地方六団体の「国庫補助負担金等に関する改革案」(2004年8月24日) が消費税率1.5％の税源移譲を掲げたのに加えて，新しい日本をつくる国民会議 (21世紀臨調)「知事・市町村長連合会議」及び「提言・実践首長会」の「地方財政自立改革 (三位一体改革) 提言〔第4弾〕」(2005年7月8日) においても消費税の税源移譲が要求されている。2006年度地方財政計画では，地方消費税の税収見込みが2兆6,343億円であるから，消費税から地方消費税へ税率を1％分移譲するごとに税収は国税から地方税へ約2.6兆円移動する。

地方消費税は現在も国税と一体となった賦課徴収がおこなわれており，国民

第2章　一般売上税をめぐる政府間関係と政策形成過程

からはあまり目立たない存在である。しかし，地方消費税はあくまでも自主財源としての地方税である。地方分権を推進するための税源移譲要求が可能になるのも，地方税としての橋頭堡が既に築かれているからである。

Ⅳ　カナダと日本の政府間税源配分をめぐる政策決定システム

1　カナダにおける税源配分論争と政策決定システム
(1)　税源配分論争の構図

まず，カナダにおける連邦と州との論争の構図を明らかにしてみたい。

第一に，一般売上税に関して連邦が提案した"National Sales Tax"は，GSTを「改良」し，州税との統合を図って，「調和」の度合いを所得税以上に高めようとするものであった。しかし，それによって州の"flexibility"は著しく弱まる。これは，経済政策及び所得保障に関する主導権をもつのは連邦か州か，また一般売上税にそのような政策的色彩をもたせるのは適当か，という問題である。

第二に，税源配分に関する州側の基本的な主張は，大きく見て二つある。一つは，個人所得税に関する州の"tax room"を拡大すべきだ，という主張である。たとえば，1994年9月，オンタリオ州政府は，州が一般売上税を放棄し，その代わり連邦が所得税を大幅に減税して州所得税の増税を可能にする税源交換を提案した。しかし連邦政府は，財政力の弱い「持たざる」州が所得税の大幅な増税を強いられる点に疑問を呈した。

このときのオンタリオ州の提案が実現していれば，一般売上税が簡素化されると同時に，州は個人所得税に関して"flexibility"を格段に強めたであろう。ただし，一般売上税を連邦に全額移譲する代わりに個人所得税を連邦から州に移譲すれば，個人所得税の「取り分」は州のほうが大きくなる。それは所得再分配の主導権を連邦が放棄することにつながる。また，州間の税源格差が拡大し，その対策として州間の財政調整を拡大することが必要になるが，州同士の

59

利害調整は容易ではない。

　もう一つの立場は，一般売上税の「調和」も含めて，税源配分の変更は最優先の課題ではない，というものである。たとえば，カナダからの分離独立論を掲げる政党が相当の勢力を占めることも含めて独自志向の強いケベック州が，連邦に対して何らかの税源を移譲することは考えられない。また，歳出削減による財政再建を最優先させ，そのうえで所得税の軽減を図るべきだ，というアルバータ州の進歩保守党政権の主張もある。一般売上税をもたない同州の政府は，所得税の "tax room" 拡大を主張する。しかし，その増収を社会政策的な支出に回すのではなく，むしろ減税競争によって資本の流入を促進することを目指している。

　個人所得税の面で，最近大きな改革があったのは州税の課税標準の変更である。1999年度までは，個人所得税の租税徴収協定に参加する州は，連邦の算定方式による課税所得に累進税率を適用してから人的控除などを差し引いた後の連邦基本税額を課税標準として，それに単一の州税率を掛ける "tax on tax" すなわち所得税割の形で，基本的な課税をおこなっていた。この場合，州税の累進性の度合いは，基本的には連邦税と同じになる。

　しかし，租税徴収協定に参加する州からは，それぞれの州が有する社会政策・経済政策的見地から，独自の税率構造をもちたいとの要求があり，また頻繁におこなわれる連邦税制改革によって州税制が直接影響を受けることへの批判もあった。独自色を出したい州は，基本的な "tax on tax" に加えて，それぞれ独自の税額控除，高所得者向けの付加税，連邦課税所得への比例税，低所得者向けの減免措置などを設けた。

　1993年に成立した連邦の自由党政権は，財政再建のために州への補助金を削減する一方で，課税の「調和」については寛容な態度をとった。1998年，連邦の課税所得に州が独自の税率を適用する "tax on income" すなわち所得割を選択肢として認める合意が成立した[41]。順次 "tax on income" への移行が進められ，さきにふれたとおり，現在は全州・準州が所得割の形をとっている。協定

---

41) Canada [1998] を参照せよ。

参加州も含めて,各州・準州は自由に税率を設定しており,さらに独自の人的控除,付加税などを設けている。

このように,連邦・州ともに個人所得税を最重要視している。それに加えて,一般売上税の移譲論も可能性は小さく,「調和」の試みも小規模な州のみで実を結んだにすぎない。州税制の"flexibility"維持及び税収の伸長性と所得再分配機能をめぐって,連邦と州は譲る気配を見せない。

(2) カナダの租税政策をめぐる制度的特徴

カナダでは,連邦・州を問わず,重要な政策課題が発生したと政府が判断したとき,大規模な諮問機関を設置して,各界からの意見聴取をおこないつつも専門家の見地から集中的に研究・議論をおこない,その成果を報告書として発表することが多い。その過程で政府が介入することは少ないため,諮問機関の結論はそのときどきの政府の見解と大きく異なることもある。その後,政界・経済界・労働界・学界・言論界等,さまざまな立場から国民的議論がおこなわれて,政策の方向性が決められていく。その過程では,諮問機関の結論が大きく修正されるのが,むしろ通常のこととして受けとめられている。

連邦レベルの租税政策に関して,通常の税制改革は,総合的な予算の観点を踏まえて財務省主導で進められる。しかし,国民的議論が必要な課題があると認められれば,諮問機関が設置されて検討がおこなわれる。その典型例はカーター報告(1966年)であるが,その後も物品税研究会報告(1975年),連邦売上税委員会報告(1983年),企業課税委員会報告(1997年)等,課題に応じて個別的に諮問機関が設けられている。それは州レベルでも同様である[42]。また,GST改革のように総選挙の重要公約として掲げた問題については,連邦議会下院財政委員会の検討に見られるように,議会の立場から検討する場合もある。

近年,すべての州・準州の首相が参加する「連邦協議会」(Council of the Federation)を結成しているが,財政制度に関して,州・準州が団結して連邦

---

42) Ontario Fair Tax Commission[1993], Alberta Tax Review Committee [1998]等を参照せよ。

との団体交渉をおこなうのは連邦から州への現金移転についてである。その焦点は医療・高等教育・福祉に関するブロック補助金及び財政調整制度である平衡交付金である。

それに対して，税制をめぐる連邦・州間関係については，"tax on tax"から"tax on income"への転換について集団的な検討・交渉がおこなわれた以外は，租税徴収協定をめぐる連邦と個別の州との交渉がおこなわれている。むしろ，最近は大都市からのインフラ整備財源要求に応えて，連邦から地方へのガソリン税の一部移譲がおこなわれたことが目立つ。

2 日本の租税政策における政府間関係
(1) 地方税制改革の政策形成システム

日本における税制改革の政策形成は，通常の場合，財務省主税局（旧大蔵省主税局）と与党の税制調査会が車の両輪となっておこなわれる。両者が連携をとりつつ，財務省主税局は常設されている政府税制調査会がおこなう理論的検討を下支えし，与党は各界からの税制に関する要求を取りまとめる。それに対して，他の官庁は，政策手段としての税制（環境税，酒税，たばこ税等）や関係団体に対する減税（法人税率引下げ，租税特別措置等）を要求する側に回る。

ただし，地方税については事情が異なる。地方団体は納税者ではなく課税者であり，総務省自治税務局（旧自治省税務局）が地方税制改革について地方団体の要求にも配慮しつつ国税との調整にあたる。それはしばしば財務省（旧大蔵省）をはじめとする他の中央官庁との対立を招いてきた。しかし，地方団体は主要な国内行政サービスの主体として国家を支える地方政府であるから，その主張は国としても簡単に無視することはできない。

地方消費税をめぐる政策過程を検討してみると，全国知事会を中心とする地方六団体は，地方自治確立対策協議会を組織して活発に行動してきた。しかしそれは，個々の地方団体の要求を取りまとめる形で新税を考案して独自にその実現を図るというよりも，諸外国における州・地方税の動向をも研究しつつ地方税制改革を構想する総務省（旧自治省）と連携して地方税源の充実を図る，

第2章 一般売上税をめぐる政府間関係と政策形成過程

という途をたどってきた。ただし，事業税の外形標準課税については，シャウプ勧告以来の付加価値税論の蓄積があり，また既存税制の改善ということで，全国知事会や個別団体も自主的な活動を積み重ねてきた。

(2) 地方分権の推進と税制——地方消費税と事業税の外形標準課税

このような租税政策をめぐる政府間関係は，地方分権型税制を確立するうえでプラスに作用してきた。大平内閣による一般消費税導入の動きの中では，それが事業税の外形標準課税と一体化される可能性もあった。しかし，一般消費税の挫折とともに事業税改革の課題は残った。また，地方消費税創設のときも，清算制度によって「税の帰属地と消費地の不一致」を解消したことにより，各流通段階における行政サービスの対価としての課税という性格は薄まった。

その後，政府税制調査会は地方法人課税小委員会における専門的・理論的検討を経て，中期答申「わが国税制の現状と課題——21世紀に向けた国民の参加と選択」（2000年7月14日）において，法人事業税の外形標準課税について，地方分権を支える安定的な地方税源の確保，応益課税としての税の性格の明確化，税負担の公平性の確保，経済の活性化，経済構造改革の促進という意義を強調し，「景気の状況等を踏まえつつ，早期に導入を図ることが必要です」と述べて，具体的な課税標準の選択肢（事業活動価値，給与総額，物的基準と人的基準の組合せ，資本等の金額）を提示した。そして，「平成15年度税制改正」の中で，法人事業税における外形標準課税としての「付加価値割」及び「資本割」が，資本金1億円超の大法人に限った部分的な制度とはいえ，初めて実現した。

これは，所得の分配面で課税する地方所得税（個人住民税所得割）を，所得の生産面における課税である事業税の外形標準課税及び所得の支出面における課税である地方消費税によって補完する，という地方分権型の地方税体系へ向けて前進するうえで，大きく貢献したのである[43]。

---

43) 地方所得税（個人住民税所得割）を事業税の外形標準課税及び地方消費税によって補完する地方税体系については，神野［1999］294－302ページ及び池上［2004a］117－125ページを参照せよ。

V おわりに

　カナダにおいても，1970年代までは，連邦が州に対する補助金改革の一環として，連邦の個人所得税と法人所得税を減税して，その分だけ州が両税を増税する余地を拡大する「租税移転」(tax transfer)すなわち事実上の税源移譲をおこなったという歴史がある。しかし最近は，「連邦協議会」に結集した州・準州の首相が現金移転を主な議題として連邦政府と団体交渉をおこなうものの，州税に関しては所得課税の課税標準における一定の「調和」を除けば，各州とも独自色が強い。その意味で，カナダでは課税自主権が全面的に「開花」しているといえる。

　それと比較すれば，日本の地方税制は「国＝中央」レベルで政策が決定されている色彩が明らかに強い。しかしそれは，国が地方団体に対して事務・事業の義務づけ及びサービス水準の標準設定をおこなっており，その財源保障の一環として標準的な地方税制を設定しているからである。その中で，地方消費税の創設及び事業税の外形標準課税が実現したのは，「地方分権の推進と地域福祉の充実等のため」に地方税源の充実と税収の安定化及び偏在度の縮小を目指す，という課題を，国も含めて否定しがたい状況が生まれてきたからである。

　それに加えて，それぞれの地方団体が自主的に多様な地方税を賦課するという段階に至る前の，地方税源全体としての充実という課題に適合的な政策決定システムがあったことが重要である。とくに日本において特徴的なのは，単なる「国対地方団体」ではなく，地方六団体と総務省（旧自治省）が機能することにより，地方団体の利害が国すなわち政府・与党の政策形成過程の中で反映されやすくなっていることである。

第2章　一般売上税をめぐる政府間関係と政策形成過程

〔参考文献〕
池上岳彦［1996］「カナダのブロック補助金とその改革論」『新潟大学経済論集』第60号，89－122ページ。
池上岳彦［1997］「カーター報告の一般売上税論」『専修経済学論集』第32巻第1号，1－26ページ。
池上岳彦［1998］「カナダの連邦・州間税源配分と一般売上税改革」日本地方財政学会編『高齢化時代の地方財政』勁草書房，所収。
池上岳彦［2004a］『分権化と地方財政』岩波書店。
池上岳彦［2004b］「カナダの分権システムを支える州の個人所得税」『地方税』第55巻第9号（9月号），2－8ページ。
加藤淳子［1997］『税制改革と官僚制』東京大学出版会。
金子勝・池上岳彦・アンドリュー＝デウィット編［2005］『財政赤字の力学』税務経理協会。
木下和夫［1992］『税制調査会』税務経理協会。
栗林隆［2005］『カーター報告の研究』五絃舎。
佐藤進・滝実編［1995］『地方消費税』地方財務協会。
財務省財務総合政策研究所財政史室編［2003］『昭和財政史 —昭和49～63年度— 第4巻・租税』（田近栄治・山重慎二執筆）東洋経済新報社。
財務省財務総合政策研究所財政史室編［2004］『昭和財政史 —昭和49～63年度— 第2巻・予算』（宮島洋・関口浩・神野直彦・池上岳彦執筆）東洋経済新報社。
神野直彦［1999］「三つの福祉政府と公的負担」神野直彦・金子勝編『「福祉政府」への提言』岩波書店，所収。
全国知事会編［1997］『全国知事会五十年史』全国知事会。
中村昭雄［1988］「自民党の反応」内田健三・金指正雄・福岡政行編『税制改革をめぐる政治力学』中央公論社，所収。
野村容康［2004］「消費課税の改革」池上岳彦編『地方税制改革〔自治体改革・第7巻〕』ぎょうせい，所収。
堀場勇夫・池上岳彦［2005］「税源配分論の展開」日本地方財政学会編『地方財政のパラダイム転換』勁草書房，所収。
丸山淑夫［1995］「地方税源問題ワーキング・グループ（政府税調）における地方税源問題についての検討結果」佐藤・滝編［1995］所収（初出：『地方税』第45巻第8号［1994年8月号］）。
務台俊介［1995a］「地方消費税の創設について」佐藤・滝編［1995］所収（初出：『地方財政』第33巻第11号［1994年11月号］）。
務台俊介［1995b］「カナダ連邦売上税の改革の提案と各州の反応」『地方税』第46巻第7号（7月号），35－47ページ。
Alberta Tax Review Committee [1998] *Final Report and Recommendations: Future Direction for Personal Income Taxes in Alberta* (October).
Benson, E. J. [1988] "Attempts to Further the Goals of the Carter Report," in Brooks (ed.) [1988].

Bird, Richard M., and Pierre-Pascal Gendron [1998] "Dual VATs and Cross-Border Trade: Two Problems, One Solution ? " *International Tax and Public Finance,* Vol. 5, No. 3, pp. 429 – 442.

Bird, Richard M. and Pierre-Pascal Gendron [2000] "CVAT, VIVAT, and Dual VAT: Vertical "Sharing" and Interstate Trade, " *International Tax and Public Finance,* Vol. 7, No. 6, pp. 753 – 761.

Boadway, Robin W. and Harry M. Kitchen [1999] *Canadian Tax Policy, Third Edition,* Toronto: Canadian Tax Foundation.

Brooks, W. Neil (ed.) [1988] *Quest for the Tax Reform: The Royal Commission on Taxation Twenty Years Later,* Toronto: Carswell.

Bryce, Robert B. [1988] "Implementing the Report : Process and Issues, " in Brooks (ed.) [1988].

Canada [1966] Royal Commission on Taxation (Chairman: Kenneth LeM. Carter), *Report of the Royal Commission on Taxation, Vols. 1 – 6,* Ottawa: Queen's Printer for Canada.

Canada [1987] Michael Wilson (Minister of Finance), *Tax Reform: Sales Tax Reform,* Ottawa: Department of Finance Canada.

Canada [1994a] House of Commons, *Minutes of Proceedings and Evidence of the Standing Committee on Finance : First Session of the Thirty-Fifth Parliament 1994,* Ottawa: Queen's Printer for Canada.

Canada [1994b] House of Commons, *Replacing the GST: Options for Canada-Ninth Report of the Standing Committee on Finance,* Ottawa: Queen's Printer for Canada.

Canada [1996a] Department of Finance, *Towards Replacing the Goods and Services Tax,* Ottawa: Department of Finance (April 23).

Canada [1996b] Department of Finance, *Memorandum of Understanding on Sales Tax Harmonization,* Ottawa: Department of Finance (April 23).

Canada [1997] Technical Committee on Business Taxation (Chair : Jack M. Mintz), *Report of the Technical Committee on Business Taxation,* Ottawa: Department of Finance Canada.

Canada [1998] Federal-Provincial Committee on Taxation, *Tax on Income,* Report prepared for Presentation to Ministers of Finance (October).

Canadian Chamber of Commerce [1964] *Submission No. 282,* Ottawa: Royal Commission on Taxation (January 3).

Canadian Labour Congress [1963] *Submission No. 281,* Ottawa: Royal Commission on Taxation (December 31).

Canadian Manufacturers' Association [1963] *Submission No. 266,* Ottawa: Royal Commission on Taxation (December 12).

Canadian Wholesale Council [1963] *Submission No. 278,* Ottawa: Royal Commission on Taxation (December 31).

第2章　一般売上税をめぐる政府間関係と政策形成過程

Cnossen, Sijbren [1983] "Harmonization of Indirect Taxes in the EEC," in Charles E. McLure, Jr. (ed.), *Tax Assignment in Federal Countries,* Canberra: Centre for Research on *Federal Financial Relations,* Australian National University.

Lynn, James H. [1964] *Federal-Provincial Fiscal Relations,* Ottawa: Queen's Printer (Studies of the Royal Commission on Taxation, No. 23).

Maslove, Allan M. (ed.) [1993] *Fairness in Taxation: Exploring the Principles,* Toronto: University of Toronto Press (Research Studies of the Fair Tax Commission of Ontario).

Musgrave, Richard A. [1983] "Who Should Tax, Where, and What?" in Charles E. McLure, Jr. (ed.), *Tax Assignment in Federal Countries,* Canberra: Centre for Research on Federal Financial Relations, Australian National University.

Musgrave, Richard A., and Peggy B. Musgrave [1989] *Public Finance in Theory and Practice, 5th Edition,* New York: McGraw-Hill.

New Brunswick [1996] Edmond P. Blanchard (Minister of Finance), *Speech: Harmonization,* Fredericton: Department of Finance (April 23).

Newfoundland and Labrador [1996] Paul Dicks (Minister of Finance and Treasury Board), *Ministerial Statement: Sales Tax Harmonization,* St. John's: Department of Finance (April 23).

Nova Scotia [1996] Bernard Boudreau (Minister of Finance), *Budget Address for the Fiscal Year 1996-97,* Halifax: Nova Scotia National Assembly (April 25).

Ontario Fair Tax Commission [1993] *Fair Taxation in a Changing World,* Toronto: University of Toronto Press.

Perry, J. Harvey [1989] *A Fiscal History of Canada: The Postwar Years,* Toronto: Canadian Tax Foundation.

Retail Council of Canada [1963] *Submission No. 271,* Ottawa: Royal Commission on Taxation (December 18).

Robertson, Ronald [1988] "The House of Commons Committee and the Aftermath of the Royal Commission on Taxation," in Brooks (ed.) [1988].

St-Hilaire, France, and John Whalley [1985] "Reforming Taxes: Some Problems of Implementation," in David Laidler (Research Coordinator), *Approaches to Economic Well-Being,* Toronto: University of Toronto Press (Collected Research Studies of the Royal Commission on the Economic Union and Development Prospects for Canada, Vol. 26).

Statistics Canada [2007] *Public Sector Statistics 2006/2007.* Ottawa: Statistics Canada.

第3章　アメリカとカナダの租税政策
——どのように，そしてなぜ異なるのか——

池上　岳彦
アンドリュー・デウィット

I　はじめに

　アメリカとカナダは，経済的な交流が極めて深く，また経済システムに多くの共通点をもっている。しかし，財政システムや経済政策・対外政策などの面では，両国の相違が目立つ。

　表3-1に示したとおり，2006年時点で，一般政府支出の対GDP比はカナ

表3-1　一般政府の財政状況［2006年。対GDP比］　　　（単位：%）

	総支出	総収入	財政収支	総債務	資産	純債務	純利払費
日　　　　本	36.6	33.7	−2.9	179.7	93.8	85.9	0.8
ア　メ　リ　カ	36.7	34.0	−2.6	61.9	18.1	43.9	2.0
カ　ナ　ダ	39.3	40.3	1.0	68.1	41.6	26.5	0.9
イ　ギ　リ　ス	44.7	41.9	−2.8	46.6	7.9	38.7	1.9
フ　ラ　ン　ス	53.3	50.8	−2.6	70.9	32.7	38.2	2.3
ド　イ　ツ	45.4	43.8	−1.6	69.3	20.5	48.8	2.4
イ　タ　リ　ア	50.1	45.6	−4.5	118.7	26.3	92.4	4.0
スウェーデン	55.6	57.9	2.3	53.9	69.6	−15.7	−0.4
デンマーク	51.2	55.9	4.7	36.0	33.3	2.7	1.1
ユーロ参加12カ国	47.1	45.6	−1.6	74.8	19.4	55.4	2.5
OECD全体	40.6	38.8	−1.8	77.1	31.5	45.6	1.7

注：「一般政府」は，中央政府，地方政府及び社会保障基金の合計。
資料：*OECD Economic Outlook 82*（December 2007），pp. 245−247, 251−253 により作成。

ダ39.3％，アメリカ36.7％である。これは，日本の36.6％とともに，先進国の中では相対的に「小さな政府」であることを示す。しかし，財政収支は大きく異なっており，3カ国のうち財政黒字となっているのはカナダのみである。この表において財政黒字となっているのはカナダ，スウェーデン及びデンマークであるが，北欧の二国では，総支出の対ＧＤＰ比が日本・アメリカ・カナダの約1.5倍であり，他方で純債務はほとんどない状態である。総支出の対ＧＤＰ比が30％台の日本とアメリカが最も大きな財政赤字を記録しており，「小さな政府」における課税の困難さを示している。

カナダの財政規模は，総支出の対ＧＤＰ比が40～50％台に達しているヨーロッパ諸国ほどではないにしても，アメリカよりは大きい。図3－1に示したとおり，最近は両国の差がやや縮小しているものの，カナダのほうが相対的に「大きな政府」であることは一貫している。財政収支についても，1990年代前半に大規模な財政赤字を抱え，後半に財政再建を達成して財政黒字に転換したところまでは共通点も見られるが，21世紀に入り，カナダは財政黒字，アメリカは大幅な財政赤字と明暗が分かれている。

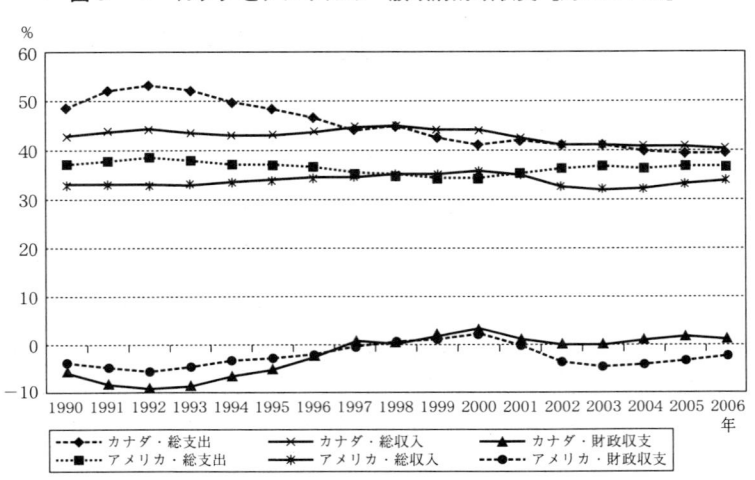

図3－1　カナダとアメリカの一般政府財政収支［対ＧＤＰ比］

資料：*OECD Economic Outlook 82*（December 2007），pp.245－247.

本章では，アメリカとカナダの租税政策に焦点をあてて，両国の政策がどのように異なり，またそれはなぜなのかを，歴史的・政治的視点を重視しつつ，明らかにする。

II　租税政策の展開

1　アメリカ[1]

(1)　1980〜90年代の租税政策——財政黒字への途——

共和党のレーガン（Ronald Reagan）政権が成立した1981年以降，アメリカの財政政策は，共和党が大規模な赤字をつくりだし，民主党が財政再建に取り組む，という展開を見せている。これは，「共和党＝小さな政府＝健全財政」「民主党＝大きな政府＝財政赤字」という従来の固定観念を大きく覆すものであった。では，なぜこのようなことになったのか。

レーガン政権は，減税が経済を活性化させて税収増大につながるというサプライサイダーの主張を取り入れて，1981年税制改革を成立させ，個人所得税の最高税率引下げ（70％⇒50％）とインデクセーション化，即時償却による投資減税などをおこなった。しかし，これは軍事費増大などと相まって膨大な財政赤字を生み出してしまったため，政府は増税に転じた。そして1986年税制改革では，「公正・簡素・効率」をスローガンに，個人所得税のループホールをふさぐ一方で，税率は15％と28％の2段階に引き下げられた。法人税については，即時償却を廃止する一方で，税率が46％から34％に引き下げられた。

1985年のグラム（Phil Gram）＝ラドマン（Warren Rudman）＝ホリングス（Ernest Hollings）法に始まる財政再建策は，1990年には貯蓄貸付組合の破綻や景気後退によって行き詰まり，レーガンの後継者となった共和党のG.H.W.ブッシュ（George H. W. Bush）政権は1990年税制改革を成立させた。そこには所得税率の引き上げ（31％の最高税率を設置）とガソリン税の引き上げが含まれた。ただし，

1）　Brownlee[2004]；Brownlee and Steuerle[2003]；Steuerle[1991；2008]を参照せよ。

表3-2 アメリカ及びカナダの連邦財政収支

年　度	アメリカ						カナダ					
	金額(十億米ドル)			対GDP比(%)			金額(十億加ドル)			対GDP比(%)		
	歳入	歳出	収支	歳入	歳出	収支	歳入	歳出	収支	歳入	歳出	収支
1980-81	599	678	-79	19.6	22.2	-2.6	53	68	-15	16.9	21.5	-4.6
1981-82	618	746	-128	19.1	23.1	-4.0	67	83	-16	18.7	23.0	-4.3
1982-83	601	808	-208	17.5	23.5	-6.0	67	96	-29	17.8	25.4	-7.6
1983-84	666	852	-185	17.4	22.2	-4.8	65	98	-32	15.9	23.7	-7.9
1984-85	734	946	-212	17.7	22.9	-5.1	72	109	-37	16.0	24.3	-8.3
1985-86	769	990	-221	17.4	22.4	-5.0	78	111	-33	16.0	22.9	-6.9
1986-87	854	1,004	-150	18.4	21.6	-3.2	87	117	-30	16.9	22.7	-5.8
1987-88	909	1,064	-155	18.2	21.3	-3.1	97	126	-29	17.4	22.6	-5.2
1988-89	991	1,144	-152	18.4	21.2	-2.8	106	134	-28	17.3	21.9	-4.6
1989-90	1,032	1,253	-221	18.0	21.8	-3.9	116	145	-29	17.6	22.1	-4.4
1990-91	1,055	1,324	-269	17.8	22.3	-4.5	120	154	-34	17.6	22.6	-5.0
1991-92	1,091	1,382	-290	17.5	22.1	-4.7	126	158	-32	18.4	23.1	-4.7
1992-93	1,154	1,409	-255	17.6	21.4	-3.9	124	164	-39	17.8	23.3	-5.6
1993-94	1,259	1,462	-203	18.1	21.0	-2.9	124	162	-39	17.0	22.3	-5.3
1994-95	1,352	1,516	-164	18.5	20.7	-2.2	131	167	-37	17.0	21.7	-4.8
1995-96	1,453	1,561	-107	18.9	20.3	-1.4	140	170	-30	17.3	21.0	-3.7
1996-97	1,579	1,601	-22	19.3	19.6	-0.3	150	159	-9	17.9	19.0	-1.0
1997-98	1,722	1,653	69	20.0	19.2	0.8	161	158	3	18.2	17.9	0.3
1998-99	1,827	1,702	126	20.0	18.7	1.4	166	160	6	18.1	17.5	0.6
1999-00	2,025	1,789	236	20.9	18.4	2.4	176	162	14	18.0	16.5	1.5
2000-01	1,991	1,864	127	19.8	18.5	1.3	194	174	20	18.1	16.2	1.8
2001-02	1,853	2,011	-158	17.9	19.4	-1.5	184	176	8	16.6	15.9	0.7
2002-03	1,782	2,159	-377	16.5	20.0	-3.5	191	184	7	16.5	16.0	0.6
2003-04	1,880	2,292	-413	16.4	19.9	-3.6	199	189	9	16.4	15.6	0.8
2004-05	2,154	2,472	-318	17.6	20.2	-2.6	212	210	1	16.4	16.3	0.1
2005-06	2,407	2,655	-248	18.5	20.4	-1.9	222	209	13	16.2	15.2	1.0
2006-07	2,568	2,730	-162	18.8	20.0	-1.2	236	222	14	16.3	15.3	0.9
2007-08	2,524	2,979	-455	17.8	21.0	-3.2	242	233	10	15.8	15.2	0.6

注：1）　アメリカの年度は10月から翌年9月まで，カナダの年度は4月から翌年3月までである。アメリカは年度終了月の属する年を，カナダは年度開始月の属する年を，それぞれ年度の名称として用いている。
　　2）　カナダでは会計制度変更により，1982-83年度以前とそれ以降の統計数値が連続しない。

資料：United States, Executive Office of the President, Office of Management and Budget, *Historical Tables:Budget of the United States Government, Fiscal Year 2009*（February 4, 2008），pp. 21-25, United States, Department of Treasury, *Joint Statement of Henry M. Paulson, Jr., Secretary of the Treasury, and Jim Nussle, Director of the Office of Management and Budget, on Budget Results for Fiscal Year 2008*（October 14, 2008），Department of Finance Canada, *Fiscal Reference Tables*（September 2008），pp. 9-10, 15-16により作成。

1988年の大統領選挙でブッシュ候補が唱えた「絶対増税しない」との選挙公約を破ったツケは，1992年の大統領選挙において，湾岸戦争で勝利を収めた現職大統領が1年前までまったく無名だった民主党クリントン（Bill Clinton）候補に破れるという形で回ってきたのである。

　クリントン政権は，1993年税制改革の中で，軍事費やメディケア費用の削減などとともに，所得税の最高税率引き上げ（31%⇒39.6%），法人税率の引き上げ（34%⇒35%），輸送燃料税の創設，社会保障税の上限撤廃などの増税をおこなった。この増税と好調な景気に支えられて財政赤字は予想以上のスピードで縮小した。1997年に減税（高等教育向けの税額控除・所得控除，個人退職勘定の拡大，児童税額控除の導入，相続税・贈与税の軽減など）をおこなったにもかかわらず，**表3－2**に示したとおり，1998年度（1997年10月～1998年9月）には連邦財政が黒字を記録した。これは1969年度以来29年ぶりのことであった。

(2) ブッシュ減税——再び大幅な財政赤字へ——

　2001年に発足したG.W.ブッシュ（George W. Bush）政権は同年，個人所得税について，税率の引き下げ（最高税率は39.6%から35%へ），最低税率10%の設定，児童税額控除の増額，結婚による税負担増の回避，代替的ミニマム税[2]の物価調整減税などの減税を2010年までかけて徐々におこない，相続税は段階的に減税して2010年に課税停止することを決めた。これによる減税規模は合計1兆3,500億ドルであった。しかし，2000年後半以降，アメリカの景気は減速し，2001年からは景気後退が明らかになっていた。

　さらに2001年9月11日のテロ事件以降，連邦政府は軍事行動とテロ対策を拡大するとともに，2003年1月，既に決まった減税の前倒し実施，個人の受取配当非課税化，中小企業投資減税などを含む10年間で総額7,260億ドルの減税を

---

2) 「代替的ミニマム税」（Alternative Minimum Tax）は，個人所得税における優遇措置が過度に適用されて高額所得者の税負担が軽くなりすぎるのを防ぐために設けられている税であり，課税所得の計算方式と税率が本来の個人所得税と異なる。納税者は本来の個人所得税と代替的ミニマム税のうち，高い方の税額を支払う。

提案した。連邦議会では，配当非課税化の提案が修正されたが，配当は総合課税から，またキャピタルゲインは10％もしくは20％の分離課税から，いずれも5％もしくは15％の分離課税へ変更された。これらによる全体としての減税規模は10年間合計3,500億ドルとなった。

このような政策展開の下で，連邦は2002年度以降，再び巨額の財政赤字に陥った。**表3－2**に示したとおり，財政赤字額は2003年度には3,776億ドル（対歳出比17.5％）に上った。さらに2004年度の財政赤字は4,127億ドル（対歳出比18.0％）に上り，これは対ＧＤＰ比3.6％にあたる。赤字は2007年度には1,620億ドル（対歳出比5.9％，対ＧＤＰ比1.2％）に減ったものの，連邦政府自身の推計でも2008年度は金融危機と景気後退のために赤字が再び4,548億ドル（対歳出比15.3％，対ＧＤＰ比3.2％）へ急増した。

Ｇ．Ｗ．ブッシュ政権発足から間もない2001年春の時点では，2002～11年度の10年間に合計4.9兆ドルの財政黒字が発生すると予想されていた。それが，8.8兆ドルもの収支悪化要因が重なって，3.9兆ドルの赤字に転落する，との予想もおこなわれた。その原因は，景気の悪化による税収の減少3.4兆ドル（収支悪化要因の39％），2001～03年の減税による減収2.8兆ドル（同31％），戦争及び国土安全保障のための歳出増1.8兆ドル（同21％），高齢者向け医療支出増大0.7兆ドル（同8％），その他0.1兆ドル（同1％）である[3]。財政悪化の7割は歳入面に原因があり，とくに減税だけで原因の3割を占めているのである。

2001年から03年にかけておこなわれた減税は，いずれも時限つきであり，2005年から11年にかけて元の制度が復活していく予定になっていた。これに対して，急進的新自由主義の論者は，減税が歳出削減による「小さな政府」推進の梃子になるという立場から，個人所得税減税や配当・キャピタルゲイン減税を「恒久化」するよう主張した[4]。また，大統領経済諮問委員会のメンバーも，①最高税率引き下げや資本所得減税は起業や設備投資の増大を招いて雇用増大につながるので，それらは労働者のための政策である，②減税は貯蓄を増大さ

---

3) Kamin and Kogan[2004] pp.6–8.
4) Moore[2003a;2003b]；Norquist[2003] を参照せよ。

せるので，景気が加熱しない限り利子率は上昇しにくい，③減税が景気を刺激すれば税収が増えるので，財政赤字はそれほど深刻ではない——政権側はこれを「ダイナミック・スコアリング」と呼んだ——，④赤字縮小はもっぱら歳出削減によるべきである，⑤相続税は貯蓄を減少させるとともに，生前に消費した財と遺産のために残した財との間で不公平を生じさせる，等の理由から減税を正当化し，その「恒久化」を主張した[5]。ブッシュ政権による減税「恒久化」論を背景に，2004年には，個人所得税の最低税率10％，児童税額控除増額，代替的ミニマム税控除など，減税の一部を延長する法律が成立した。

しかし，政権側の主張は，ケインジアンとサプライサイダーそれぞれの楽観的見通しをつなぎ合わせたものであり，「ダイナミック・スコアリング」といってもレーガン政権初期の「減税が税収を増大させる」という「呪術的経済学」（voodoo economics）と大差はなかった。実際には，戦争やテロ対策による歳出増大規模について予想がつかないのみならず，その他の歳出を大幅に削減するといっても現実的には困難である。減税を繰り返せば，財政赤字はさらに増大する。当時の制度にもとづいた連邦議会予算局の推計では2005～14年度の10年間の財政収支累計は2兆120億ドルの赤字と予測されたが，減税の「恒久化」や軍事費の増大策などがとられることを前提とすれば，同期間の財政収支累計は4兆6,180億ドルから5兆ドル近い赤字になるという推計も出された[6]。なお，近い将来の財政悪化が確実視される社会保障基金をあらかじめ除いて財政収支を計算すべきだとの前提に立てば，今後も財政赤字は対ＧＤＰ比5％以上で推移し，2004～13年度の累計では少なくとも7兆7,400億ドルの赤字になるという推計も発表された[7]。

また，所得税の限界税率引き下げ及び配当・キャピタルゲイン減税に対して

---

5) Mankiw[2003;2004]；Rosen[2004]を参照せよ。
6) United States[2004a]Chapter 1；Kamin and Kogan [2004]；Committee for Economic Development, Concord Coalition, and Center on Budget and Policy Priorities [2003b]を参照せよ。
7) Gale and Orszag[2003]による。

は，①財政赤字を慢性化させ，将来にわたって国民貯蓄を減少させて国民の生活水準を低下させる，②一般大衆がもつ株式の配当は個人退職勘定等に組み込まれていて従来から課税されないケースがほとんどであり，今回の配当やキャピタルゲインの減税は富裕者に恩恵が集中するために改革全体が逆進的であって，しかも償還時の増税は中低所得層に重くのしかかることが予想される，③法人税を回避している所得に対する税負担が軽くなりすぎ，また現時点における株主にとって有利すぎる，④資本所得減税が投資の増大につながる保証はなく，株式相場や経済成長率との相関関係も弱い，との批判が強い[8]。連邦準備制度理事会の研究部門からも，2003年税制改革による配当所得減税が株式市場にプラスの効果を与えたとの証拠はない，とする分析が発表された[9]。

さらに，相続税の廃止についても，①相続税は，機会の平等を実現する最良の手段である，②相続税は非営利団体への寄付を促進してきたが，税を廃止すれば寄付が大きな打撃を受ける，③遺産はそれを残すこと自体を目的にするより，本人が将来の生活資金を考えて貯蓄をおこない，死ぬまでに使い切れなかった財産であるケースも多い，④むしろ問題は，相続税の廃止により遺産取得者の労働意欲が低下することである，との批判がおこなわれている[10]。

なお，IMFもアメリカの巨額な連邦財政赤字に警鐘を鳴らしており，2004年1月に発表した調査報告においては，歳出削減と並んで，個人所得税と法人所得税の課税ベース拡大，燃料等の消費課税引き上げという形で増税を実行することを求めている[11]。

---

8) Akerlof, et al. [2003] ; Burman, Gale and Orszag [2003] ; Gale and Orszag [2004a ; 2004b] ; Gale, Orszag and Shapiro [2004] ; Kogan [2003] ; Kravitz and Burman [2005] ; Stiglitz [2003] Epilogue ; Toder [2005] ; Committee for Economic Development, Concord Coalition, and Center on Budget and Policy Priorities [2003a] ; Slemrod and Bakija [2008] Chapter 8 を参照せよ。
9) Amromin, Harrison, and Sharpe [2005] を参照せよ。
10) Slemrod and Bakija [2008] Chapter 8 ; Gale [2003] を参照せよ。
11) Mühleisen and Towe (eds.) [2004] による。

第3章　アメリカとカナダの租税政策

(3)　大統領連邦税制改革諮問委員会と2007年度予算教書

　2005年1月，G.W.ブッシュ大統領は，連邦税制改革諮問委員会（President's Advisory Panel on Federal Tax Reform）を設置した。諮問委員会は，共和・民主両党の連邦議員経験者，財政・経済・会計の研究者及び実務家からなっており，多くの関係者からのヒアリングや意見書提出を求めて議論を重ね，2005年11月に『簡素，公正及び成長促進――アメリカ税制安定化への提案』（Simple, Fair, and Pro-Growth：Proposals to Fix America's Tax System）と題する報告書を大統領に提出した。

　諮問委員会報告書は，①「簡素な所得税制案」（Simplified Income Tax Plan）と②「成長・投資型税制案」（Growth and Investment Tax Plan）の二つを代替案として提示した。個人所得税について，両案は，税率ブラケット数の削減と最高税率引下げを行う[12]，代替的ミニマム税の廃止，項目別の所得控除や税額控除の整理・縮小（住宅ローン利子，寄付金，教育など），人的控除，概算控除，勤労税額控除及び児童税額控除を，「家族税額控除」（Family Credit）と「労働税額控除」（Work Credit）に転換し，所得税を納めない低所得者には還付もありうることとする，納めた州税・地方税（所得税・不動産税）を課税所得から控除する制度を廃止する，多岐にわたっている貯蓄優遇措置を家族向け貯蓄勘定，退職向け貯蓄勘定，企業貯蓄勘定の三つに統合する，等の点では共通する。

　両案の主な相違点は，法人所得税の仕組み及び個人所得税と法人所得との関係である。

　第一に，金融所得課税について。「簡素な所得税制案」では，個人段階において，利子は総合課税，配当は原則非課税，キャピタルゲインは1年超保有の場合はゲインの4分の1を総合課税，その他の場合はすべて総合課税とされている。これに対して，「成長・投資型税制案」では利子・配当・キャピタルゲ

---

12)　税率構造の提案内容は，案によって異なる。現行税率は「10%－15%－25%－28%－33%－35%」の6段階であるが，「簡素な所得税制案」では「15%－25%－30%－35%」の4段階が，「成長・投資型税制案」では「15%－25%－30%」の3段階が提案された。

インとも15％の分離課税とされている。

　第二に，法人税（現行税率35％）について。代替的ミニマム税とすべての租税特別措置を廃止するという点では両案とも共通するが，税制の仕組みは大きく異なる。「簡素な所得税制案」では，大法人は法人課税（税率31.5％）とするが，中小法人は構成員課税の範囲を拡大する，減価償却の類型を簡素化する，国外源泉所得は非課税とする，受取利子は課税し，支払利子は損金算入する，とされた。これに対して「成長・投資型税制案」では，一律税率30％の法人課税をおこなうが，事業用資産（土地・建物も含む）の購入をすべて即時償却する，受取利子は非課税とし，支払利子を損金不算入とする，仕向地課税主義をとる（輸出品について免税・還付をおこない，輸入品は損金不算入とする），とされた。

　「成長・投資型税制案」における法人税は，支払給与を損金に算入している点を除けば，投資の即時控除，支払利子への課税，仕向地課税主義といった点で，消費型付加価値税に近く，それを個人段階の金融所得分離課税と組み合わせたものである。報告書は，アメリカの財政学者・経済学者の一部が唱えている「付加価値税」や「全国小売売上税」の採用を提言しなかったものの，付加価値税については将来検討に値するとも述べており，その変形版を「成長・投資型」法人税という形で提示したものといえる。

　しかし，諮問委員会報告書に対しては，現行税制を前提とした改革案ではなく，「時限」つきのブッシュ減税が「恒久化」されたと仮定して，そのレベルで「歳入中立」の改革案を掲げているため，財政赤字の問題に応えていないと同時に，ブッシュ減税がもたらした「逆進性」の問題も解決されていない，また簡素化も一般国民から見れば不十分だ，との批判がおこなわれた[13]。

　2006年2月6日，G.W.ブッシュ大統領は，2007年度連邦予算教書を発表した。その中に含まれた税制改革提案では，**表3－3**に示したとおり，順次終了期限が到来する2001年減税及び2003年減税をすべて恒久化する提案がおこなわれ，それに加えて，医療費自己負担分向け貯蓄の優遇措置拡大をはじめとして

13）　Burman and Gale [2005]；Burman [2006a] を参照せよ。

第3章 アメリカとカナダの租税政策

表3－3 2007年度大統領予算教書（2006年2月6日）の
税制改革提案による増減収見込み　（単位：百万米ドル）

	2007年度	2007～16年度合計
2001年減税と2003年減税の恒久化	－531	－1,412,188
政策税制（貯蓄，投資等の促進）	－3,946	－213,160
家族向け税法の簡素化	232	4,988
企業年金の促進	589	－8,415
租税回避の制限	98	2,264
税務行政・失業保険関連の改革等	259	2,069
2005年エネルギー政策法の改正	50	1,563
輸出の促進	－648	－11,645
期限が到来した特別措置の延長	－25,266	－106,648
（減税恒久化以外の改革［小計］）	－28,632	－328,984
合　　　　計	－29,163	－1,741,172

資料：United States, Department of the Treasury, *General Explanations of the Administration's Fiscal Year 2007 Revenue Proposals*（February 6, 2006），pp.143－146 により作成。

　貯蓄・投資等を促進する政策税制の拡大，輸出の促進，期限が到来した租税特別措置の延長などが提案された。連邦政府が発表した歳入への影響見込み額を見ると，減税恒久化の影響は2007年度には5億ドルにすぎないが，減税期限の到来に合わせて影響額は急増し，2007～16年度の合計額は1兆4,122億ドルに達する。その他の改革案も，全体として減税超過であった。両者をあわせた減収額は，2007年度には292億ドル，2007～16年度の合計額では1兆7,412億ドルに達する。

　この提案は，大統領連邦税制改革諮問委員会の提言と同じ方向を目指すものだとの言及はあるが[14]，抜本的改革につながる提案ではない。しかも，これらの提案に対しては，①政策減税が整理されるどころか拡大されている，②政府は相変わらず「ダイナミック・スコアリング」論に依拠して財政再建を軽視しているが，減税の恒久化と新たな減税は財政赤字の拡大とさらなる富裕者優遇

14）　United States[2006a] p.252を参照せよ。

になる，③新たな連邦減税が州政府の歳入減少にもつながる，④健康な高所得者に有利な一部の医療保険に対する自己負担分向け貯蓄の優遇措置は一般勤労者の医療保障を弱体化させる，との批判が強かった[15]。

結局，2006年5月に成立した税制改革では，キャピタルゲインと配当に対する軽減税率の2年間延長，代替的ミニマム税減税の1年間延長，エネルギー対策や私的年金に関する減税などが決定されるにとどまった。ブッシュ政権による抜本的税制改革は挫折したのである。

2 カ ナ ダ[16]

これに対してカナダは，1990年代前半までの大幅な財政赤字を脱して，財政黒字を実現したところまではアメリカと同じだが，現在（2008年度予算）まで財政黒字を保っている点が大きく異なる。それはなぜか。

(1) 1990年代までの財政赤字と税制

カナダでは，1987年の税制改革において，個人所得税における資本性所得の課税ベース拡大（利子，キャピタルゲイン，配当の課税強化）及び人的控除の所得控除から税額控除への転換によって累進性を強化する一方で，連邦税率は10段階から3段階へと引き下げられた（最高税率は34%⇒29%）。また，法人所得税においても，加速度償却や投資税額控除を廃止する代わりに，連邦基本税率が36%から28%に引き下げられた。

消費課税について，従来は連邦の製造者売上税と州の小売売上税が併存してきた。しかし，1991年に連邦は製造者売上税に代えて，"Goods and Services Tax"（GST）という税率7%の付加価値税を導入した。これは基礎的食料品

---

15) Friedman and Greenstein[2006]；Lav[2006]；Kogan and Aron-Dine[2006]；Aron-Dine and Friedman[2006]；Burman[2006b]；Urban Institute[2006]におけるEric Toderの発言等を参照せよ。
16) Boadway and Kitchen[1999]；Treff and Perry[2008]；Canada[2000；2003；2007b]を参照せよ。

や処方箋付き医薬品などをゼロ税率とするが，さらにGST控除——GSTの逆進性を緩和するために，個人所得税の中に設けられた税額控除であるが，所得上昇につれて減額される——という制度もある。

表3－1に示したとおり，1980年代から1990年代初頭にかけて，カナダは巨額の財政赤字を記録した（1992年は一般政府レベルで対ＧＤＰ比9.1％の赤字）。連邦純債務残高の対ＧＤＰ比は「1983年度38.2％⇒1990年度55.5％⇒1993年度67.0％」と急上昇し，国債のうち非居住者が保有する割合も「1983年度9.1％⇒1990年度23.0％⇒1992年度27.9％」と高まり[17]，ＩＭＦからの財政再建要求も強まった。

(2) 財政黒字への転換と減税

そこで，1993年の連邦下院総選挙で政権を獲得した自由党のクレティエン（Jean Chrétien）政権は1994年度（1994年4月～1995年3月）以降，大規模な増税を回避しつつ歳出を削減する形で財政再建を進めた。ただし，歳出削減の最大部分は州に対する移転支出の削減であり，それに次ぐのは軍事費や地域政策的補助金の削減であった。そしてアメリカの好況はカナダにも波及し，所得課税は大きな伸びを示した。1997年度以降，連邦財政は黒字に転じている。

財政黒字の「配当」は，政府債務の削減や医療・教育などの歳出増にあてられているが，減税という形での「配当」も見られる。2000年には，個人所得税の税率引き下げ（17％－24％－29％から16％－22％－26％－29％へ），インデクセーションの全面化，キャピタルゲインの非課税枠拡大，児童税額控除と教育税額控除の拡大，法人税率の28％から21％への段階的引き下げなどが決定された。ただしカナダの場合，アメリカのように減税それ自体を政策目標とすることはない。あくまでも，社会政策的な政策減税と企業逃避防止・投資拡大策，という枠内の話である。

2006年1月23日の連邦下院総選挙において，保守党のハーパー（Stephen

---

17) Canada[2007a]pp.10, 22による。

Harper) 政権が成立した[18]。この政権は下院の単独過半数をもたないうえ連立も組めない状況にある少数与党政権であり，予算と法案の成立には他党との妥協が必要になる。ただし，保守党は選挙公約の中で，ＧＳＴの税率を７％から６％へ引き下げ，さらに５年以内に５％へ再度引き下げることを掲げた。実際，税率は２度引き下げられ，2008年１月からは税率が５％になっている。ハーパー政権は国民や州政府に受けのよい社会政策関連の歳出拡大傾向を強めており，この減税政策が持続可能かどうか早晩問われることになるであろう。

Ⅲ　税制の米加比較

　長大な国境線をはさんで隣接し，共通の言語を有するアメリカとカナダは，メキシコを加えて北米自由貿易協定（NAFTA）を結んでおり，両国間では商品・資本・労働力が頻繁に移動している。また，アメリカはカナダと比較して人口で10倍，ＧＤＰで14倍の規模を有しており，さらにグローバリゼーションの圧力もある。そこで，カナダがアメリカを模倣する形で税制の平準化が避けられない，というレトリックが流行している。しかし，これまで見たように両国の政策は大きく異なっている。その相違点を中心に，両国税制を比較してみよう。

　カナダの税制に対するアメリカの影響は，法人税の分野にとどまる。カナダにおいて輸出入はそれぞれＧＤＰの４割に相当し，その８割はアメリカとの貿易による。そこで，資本逃避や脱税への誘因を減らすために，カナダの連邦は法人税率をアメリカと同程度以下に設定する傾向がある。2003年，カナダは財政黒字を背景として法人税率を連邦と州の合計で41.5％から39.4％に引き下げ

---

[18]　2006年１月23日の連邦下院総選挙では，308議席のうち，保守党124議席，自由党103議席，ケベック独立派のケベック連合51議席，社会民主主義を掲げる新民主党29議席，無所属１議席と続いた。また，2008年10月14日の総選挙において保守党は143議席となり，少数与党政権が継続された。

表3−4 法人所得税の実効税率 （単位：％）

国	税　率
カ ナ ダ （2007年）	34.32 （連邦22.12；州平均12.2）
（2008年）	32.1　（連邦19.5　；州平均12.6）
（2012年［目標］）	25.0　（連邦15.0　；州　　10.0）
イギリス	28.0
ド イ ツ	29.8
フランス	33.3
イタリア	37.3
アメリカ	40.0
日　　本	41.9

注：カナダ以外の国の税率は，2008年（実施予定を含む）。
資料：Department of Finance Canada, *Economic Statement : Strong Leadership. A Better Canada* (October 30, 2007), pp.76, 78.

て，アメリカ（同じく40.0％）に対する税制上の「優位」を主張した[19]。また，**表3−4**に示したとおり，ハーパー政権は先進国全体における「競争力」を重視して，連邦・州を合わせた法人所得税率を25％まで引き下げる目標を掲げた[20]。ただし，法人税以外の分野では，両国の相違は大きい。

　租税負担の内訳を見ても，**表3−5**に示したとおり，所得課税・消費課税ともカナダの負担率のほうが高い。その差は1980年代に拡大したが，1990年代は縮小した。これは，1990年代にアメリカが個人所得税の増税をおこなったのに対して，カナダは連邦も大規模な増税を回避し，また州も歳出削減を中心とする財政再建をおこなって増税を回避したからである。ただし2005年には，ブッシュ減税の影響もあって，個人所得税の差が再び拡大している。

---

19) Canada ［2003］ による。なお，カナダの州及びアメリカの州・地方における法人所得税率は団体により異なる。ここに示したのは平均的な税率である。
20) Canada ［2007b］ pp.73−78を参照せよ。

表3-5　租税・社会保障負担の対GDP比　　　　　　　　　　(%)

	年	個人所得税	法人所得税	社会保障負担	被用者	雇用主	財産税	一般消費税	個別消費税	総負担
アメリカ(A)	1965	7.8	4.0	3.3	1.2	1.9	3.9	1.2	4.4	24.7
	1970	9.9	3.6	4.3	1.9	2.3	3.8	1.6	3.8	27.0
	1975	8.9	2.9	5.2	2.2	2.8	3.6	1.8	3.2	25.6
	1980	10.3	2.8	5.8	2.4	3.1	2.8	1.9	2.8	26.4
	1985	9.7	1.9	6.4	2.7	3.5	2.7	2.0	2.8	25.5
	1990	10.1	2.4	6.9	3.0	3.5	3.1	2.2	2.6	27.3
	1995	10.0	2.9	6.9	3.0	3.5	3.1	2.2	2.8	27.9
	2000	12.5	2.6	6.9	3.1	3.5	3.0	2.3	2.5	29.9
	2005	9.6	3.1	6.7	2.9	3.4	3.1	2.2	2.6	27.3
カナダ(B)	1965	5.8	3.8	1.4	0.5	0.9	3.7	4.6	5.8	25.7
	1970	10.0	3.5	3.0	1.3	1.6	3.9	4.5	5.3	30.9
	1975	10.5	4.3	3.2	1.2	2.0	3.0	4.0	6.3	32.0
	1980	10.6	3.6	3.3	1.2	2.1	2.8	3.6	6.5	31.0
	1985	11.5	2.7	4.4	1.5	2.8	3.0	4.3	6.1	32.5
	1990	14.7	2.5	4.4	1.6	2.7	3.6	5.1	4.2	35.9
	1995	13.4	2.9	5.0	1.8	3.0	3.8	5.0	4.1	35.6
	2000	13.1	4.4	4.9	2.0	2.8	3.4	5.1	3.5	35.6
	2005	11.9	3.5	5.0	2.0	2.8	3.4	5.0	3.5	33.4
差(B-A)	1965	-2.0	-0.3	-1.9	-0.7	-1.0	-0.3	3.4	1.4	1.0
	1970	0.2	-0.1	-1.4	-0.6	-0.6	0.1	2.9	1.5	4.0
	1975	1.6	1.4	-2.0	-1.1	-0.8	-0.5	2.2	3.1	6.4
	1980	0.3	0.8	-2.5	-1.3	-1.1	0.0	1.7	3.7	4.6
	1985	1.8	0.8	-2.0	-1.2	-0.7	0.3	2.3	3.3	7.0
	1990	4.5	0.1	-2.5	-1.4	-0.8	0.5	2.9	1.6	8.6
	1995	3.4	0.0	-1.9	-1.2	-0.5	0.7	2.7	1.3	7.7
	2000	0.6	1.7	-2.1	-1.1	-0.7	0.4	2.8	1.0	5.7
	2005	2.3	0.4	-1.8	-1.0	-0.6	0.2	2.8	0.9	6.1

注：1)「個別消費税」は，使用税・登録税を含む。
　　2)「総負担」は，表示されていない小規模な租税を含む。
資料：OECD, *Revenue Statistics 1965-2006* (Paris：OECD, 2007), pp. 93, 123-125, 201-204により作成。

第3章　アメリカとカナダの租税政策

カナダにおいては，租税に占める州税の割合が高い。**表3－6**に示したように，2005年時点で，州税の対ＧＤＰ比はアメリカが5.5％であるのに対してカナダは12.8％と極めて高い。カナダの州は所得課税と消費課税のいずれにおいてもアメリカの州を大きく上回るが，とくに個人所得税が大規模に課税されているのが目立つ。また，カナダでは，州税と地方税を合わせると連邦税を上

表3－6　租税・社会保障負担の対ＧＤＰ比［2005年。政府部門別］

(単位：％)

		連邦政府	州政府	地方政府	社会保障基金	全体
アメリカ (A)	個人所得税	7.6	1.8	0.2		9.6
	法人所得税	2.6	0.4	0.0		3.1
	社会保障負担				6.7	6.7
	財産税	0.2	0.1	2.8		3.1
	一般消費税		1.8	0.4		2.2
	個別消費税	0.8	1.3	0.4		2.6
	総負担	11.2	5.5	3.9	6.7	27.3
カナダ (B)	個人所得税	7.3	4.6			11.9
	法人所得税	2.4	1.1			3.5
	社会保障負担	1.3	0.9		2.8	5.0
	財産税		0.7	2.7		3.4
	一般消費税	2.6	2.4	0.0		5.0
	個別消費税	1.0	2.5	0.1		3.5
	総負担	15.0	12.8	2.8	2.8	33.4
差 (B－A)	個人所得税	－0.3	2.7	－0.2		2.3
	法人所得税	－0.2	0.7	0.0		0.4
	社会保障負担	1.3	0.9		－3.9	－1.8
	財産税	－0.2	0.6	－0.1		0.2
	一般消費税	2.6	0.7	－0.4		2.8
	個別消費税	0.2	1.1	－0.4		0.9
	総負担	3.7	7.3	－1.1	－3.9	6.1

注：1）「個別消費税」は，使用税・登録税を含む。
　　2）「総負担」は，表示されていない小規模な租税を含む。
資料：OECD, *Revenue Statistics 1965－2006* (Paris：OECD, 2007), pp. 93, 238, 264 により作成。

回っている。

　分権的な連邦国家において，州が主導権をとる公共サービス，つまり教育，医療，福祉について，国民（州民）の評価が高ければ，租税負担が大きくなるのは当然といえる。とくに医療については，アメリカが民間医療中心で膨大な管理費用を費やしているのに対して，カナダではすべての州において基本的に租税にもとづく患者負担ゼロの州民皆保険制度が確立している。社会保険に対する租税の投入を積極的におこなうカナダでは，社会保険料に関しては被用者・雇用者とも負担がアメリカよりも軽い。さらに治安状態も，カナダのほうがアメリカよりも格段によい。これらは企業にとっても人材の確保や健康保持のコスト軽減という面でアメリカに優る面がある。租税負担だけで企業立地が規定されるわけではない。

IV　租税政策をめぐる財政連邦主義

　アメリカ・カナダとも連邦国家であり，州の権限が強い財政システムは財政連邦主義（fiscal federalism）と呼ばれている。ただし，アメリカは連邦から州・地方への補助金が特定補助金中心であるのに対して，カナダでは連邦からの主要な補助金が使途制限なしの一般補助金もしくはそれに極めて近い性格をもつブロック補助金である。アメリカでは「分権化」を公共部門の「スリム化＝縮小」に結びつける「新自由主義的分権」の圧力が強いのに対して，「分権的福祉政府」ともいうべき指向を示しているカナダでは，近年，州が所管する公共サービスに対する財源保障の拡充が繰り返されている[21]。以下，その実態をまとめてみたい。

　アメリカでは，連邦と州の租税政策は連携が乏しい。連邦の税制改革にはマクロ経済政策的な面もあるが，州は均衡予算を組むことが義務づけられるため，好況時には減税，不況時には増税をおこなうことが多い。また，アメリカでは

---

21)　「新自由主義的分権」及び「分権的福祉政府」については，池上［2004 a］第 1 章を参照せよ。

州レベルの財源保障と財政力格差是正をおこなう財政調整制度が存在せず，不況期における連邦の州に対する援助も場当たり的である。

2001〜03年度，第二次大戦後最大ともいわれる州財政危機が起こった[22]。これは，不況とくにバブル経済崩壊による株式譲渡益と法人所得の急減などによって，法人・個人の所得税を中心に州税が減少したことが大きな要因である。これに対して，多くの州が1990年代の好況期に積み立てた財政調整基金（rainy day fund）などを取り崩した。しかしそれは短期的な対策であり，各州は大幅な歳出抑制策に乗り出した。その分野は初等中等教育，高等教育，メディケイド（低所得者向け医療制度），司法，地方政府補助，公的扶助など全般にわたっており，全部門の一律カットをおこなった州も過半数に上る。その他，職員の新規採用停止・早期退職促進，旅費の執行停止などの措置がとられた。また，たばこ税，売上税，法人所得税，個人所得税などの増税が多くの州でおこなわれ，さらに公共料金の引き上げ，予定していた減税の延期，収益事業の拡大なども実施された。

共和党・民主党を問わず，大多数の州は団結して国土安全，教育，メディケイド等の財源保障を求め，連邦に財政援助を要請した。また，州の歳出削減や増税が景気に悪影響を与え，また産業・生活基盤整備の観点からも望ましくないとの立場から，連邦が州に財政援助をおこなう，または新たな歳入分与制度を設けるべきだとの意見が研究者の間にも見られた[23]。

これに対して，G.W.ブッシュ政権は，州に国土安全保障への貢献や教育水準向上政策への参加を義務づける一方で，連邦自身の歳出増大及び景気後退と減税政策にともなう大幅な減収により財政赤字が巨額に上るため，州への直接的援助には消極的である。とくに，財源保障をともなう一般的な財政援助，つまり財政調整制度の導入は，現状では見込めない。

ただし，2003年に成立した3,500億ドルの減税法案を審議する過程で，連邦

---

22) 詳しくは，池上［2005］を参照せよ。
23) Burman, Gale and Orszag［2003］；Lav［2003］；Gale［2002］；Mishel［2002］；Sawicky［2003］；Stiglitz［2003］Epilogue を参照せよ。

上院は減税法成立の条件の一つとして，州に対する2年間合計200億ドルの財政援助を盛り込んだ。このうち100億ドルは財政危機対策を目的としており，原則として人口比例で配分された。残りの100億ドルはメディケイド対策が目的であり，連邦の補助負担率2.95％引き上げ（2003年4月～2004年6月）を内容としている。確かにこの200億ドルは，一時的にはメディケイドをはじめとする州の財源不足を緩和するのに貢献した。しかし，連邦の援助がなくなる2005年度からは，再びメディケイド経費の急増が州財政を大きく圧迫することになる[24]。

逆に，連邦の政策が州財政に悪影響を及ぼすことのほうが多い。たとえば，州の所得税課税ベースは連邦税制と連動しているので，連邦が株式配当・譲渡益などに対する所得減税をおこなうと，州税の大幅な減少を招く。州が減収を避けるためには，連邦との課税ベース分離（decoupling）が必要になる。これは税制の複雑化と納税コスト増大を招く。

2002～05年度における連邦の政策について見ると，連邦減税にともなう州税減収94億ドル，カタログもしくはインターネットを通じた販売への売上税課税禁止措置による州税減収609億ドル，インターネット接続サービスへの課税禁止措置による州税減収45億ドル，選挙制度改革・障害児教育及び教育水準向上のための「財源保障なき義務づけ」（unfunded mandates）拡大による経費増729億ドル，そして高齢者・障害者の処方箋付き医薬品に対するメディケイド適用による経費増278億ドル，合計で1,755億ドルの州負担増大がおこなわれた，との推計がおこなわれている[25]。そこから2003～04年度におこなわれた財政援助201億ドルを差し引いても，1,554億ドルという巨額の負担が州財政に押しつけられたことになる。

これに対して，州税の地位が高いカナダでは，州の課税権を尊重しつつ，連邦が税制の「調和」を図っている。表3－7を見ると，個人所得税及び法人所得税については，アメリカ・カナダとも各州が独自の判断で課税をおこなって

24）　NGA and NASBO[2005]pp.3－4による。
25）　Lav and Brecher[2004]を参照せよ。

第3章　アメリカとカナダの租税政策

表3－7　個人所得税・法人所得税及び一般売上税の政府間配分

		アメリカ	カナダ
個人所得税	連邦	累進税率10％〜35％	累進税率15％〜29％
	州	連邦と同じ課税標準に独自税率で課税する州が多いが，控除などは独自。（7州は課税せず）	連邦と同じ課税標準に独自税率で課税する州が多いが，独自の付加税や控除あり。（全州・準州が課税）
	地方	一部で課税	なし
法人所得税	連邦	基本税率35％	基本税率19.5％
	州	連邦と同じ課税標準に独自税率で課税する州が多い。（4州は課税せず）税の分割基準は各州独自。	連邦と同じ課税標準に独自税率で課税する州が多い。（全州・準州が課税）税の分割基準は売上げと支払給与。
	地方	一部で課税	なし
一般売上税	連邦	なし	ＧＳＴ（付加価値税）税率5％
	州	小売売上税（5州は課税せず）	A．連邦と同じ付加価値税（ただし，税率は8％）←3州 B．連邦と異なる付加価値税←1州 C．小売売上税 　C－1．ＧＳＴ込み価格に課税←1州 　C－2．ＧＳＴ抜き価格に課税←4州 D．課税せず←1州・3準州
	地方	一部で課税	ほとんどなし

資料：筆者作成。

いることがわかる。しかしカナダでは，連邦・州間に租税徴収協定があるのが特徴である[26]。それぞれの州が協定に参加するかどうかは任意であるが，協定参加州は連邦税と同様の課税標準に税率を乗じる形で課税をおこないつつ，自由な税率設定権や独自の税額控除，付加税などを設ける権限をも保持している。そして「カナダ歳入庁」（Canada Revenue Agency）が，連邦税及び連邦税との「調和」がおこなわれた州税などを徴収しており，税務行政の統合によって納

26）　詳しくは，本書第2章及び池上［2004b］を参照せよ。

税・徴税コストが軽減されている。

　法人所得税の課税権及び州間の分割基準についても，アメリカでは州ごとに課税権の有無及び分割基準をめぐる判断が異なっているのに対して，カナダでは「恒久的施設」のある州が課税権を有し，売上高と支払給与額の2要素に同等のウェイトを与えて配分額を算定する，というルールが事実上確立している[27]。

　ただし，一般売上税については，アメリカでは連邦が課税せず，多くの州が小売売上税を賦課するのに対して，カナダでは連邦税（GST）と州税との関わりも多様である。表3－7に示したとおり，GSTと調和させた税率8％の付加価値税を課す州，独自の付加価値税を課す州，GST込みの価格に小売売上税を課す州，GST抜きの価格に小売売上税を課す州，一般売上税を課さない州・準州と五つのシステムが並存しており，全国的な「調和」は見られない[28]。

　連邦と州が独自の租税政策を展開するアメリカでは「競争」の側面が強調される。これに対して，カナダでは税制の「調和」が図られるとともに，各州の人口1人あたり税収を一定水準まで連邦が保障する平衡交付金という財政調整制度がある[29]。

　さらにカナダでは，医療，福祉，高等教育への補助金を統合した実質上使途制限のない，しかも「税源移譲」を組み込んだブロック補助金として，"Canada Health Transfer"（CHT）と"Canada Social Transfer"（CST）が交付されてきた。2006年度まで，CHT及びCSTは，各州に対して，「租税移転」(Tax Transfer)と「現金移転」(Cash Transfer)の合計が人口1人あたり同額になるように配分されてきた。「租税移転」は，連邦が補助金の一部として個人所得税と法人所得税の税率を下げ，州税率を引き上げる余地をつくる，いわば「税源移譲」を1967年から1977年にかけておこなったものである。連邦が引き下げた分の税率を実際に州が引き上げるかどうかは州の選択による。しかし，事実

---

27)　Wildasin [2000] を参照せよ。
28)　本書第2章を参照せよ。
29)　池上 [2003] を参照せよ。なお，平衡交付金については2007年に大規模な改革がおこなわれた。その改革については，池上 [2008] を参照せよ。

はどうあれ，連邦は州が増税したと見做して「現金移転」を算定してきたのである。連邦は，その移譲分の現時点での税収想定額を，「租税移転」として計算してきた。そして，「現金移転」は，各州への配分額から「租税移転」額を差し引いた額とされたため，課税力の小さい州のほうが人口1人あたり「現金移転」額は多くなった。この点で，ＣＨＴとＣＳＴにも財政調整的効果が認められてきた[30]。

　教育，医療，福祉に関する独自の価値を守り育てる"Social Union"としてのカナダでは，公共サービスの内容について州権が強いことを前提として，協調的な財政連邦主義が深く根付いている。

V　租税制度の政治経済学

　1990年代を通じ，いくつかの重要な社会的，政治的側面において両国間の相違は増大し続けていることが明らかになっている[31]。世論調査によれば，ほとんどのカナダ国民はG.W.ブッシュ政権に批判的であり，またアメリカ・モデルの否定的な側面を重視する者が増えているが，その最大の原因は同政権の財政，軍事政策である[32]。

　では，政策を形成する理念や指導者の個性は，どのように租税負担，再分配政策といった両国の財政政策に影響を与えてきたのだろうか。これは財政の政治学的分析における中心テーマであるが，とくに日本人にとって重要な問題である。長期にわたる財政赤字と不況を経験している日本では，アメリカが財政改革の代表的な成功例，すなわち「グローバル・スタンダード」だ，とする議論が見られる。そこでのアメリカ・モデルは，税負担の削減が勤労及び投資意欲を増す，という「サプライサイダー・モデル」である。このモデルはまた，

---

30)　ＣＨＴ及びＣＳＴも，2007年に大規模な改革がおこなわれた。これについても，池上［2008］を参照せよ。
31)　Adams［2003］を参照せよ。
32)　Environics Research Group［2003］を参照せよ。

個人への補助金の削減が勤労意欲を高め,さらに州・地方政府に対する補助金の削減が州・地方税制を経済成長促進的,すなわち市場優先的に改革するインセンティブを強める,と主張する。確かに,金銭的動機はしばしば重要な役割を果たす。しかし,この種の議論は,新自由主義的政策の恩恵を過大に喧伝し,そのコストを控えめに語る傾向がある。また,その政策が過去に経験した失敗を無視し,先進諸国間の重要な制度的相違を見えにくくする,という問題をはらんでいる。

そこで,なぜカナダがアメリカと異なる道を歩んでいるかを解明することが重要になる。

1　収斂説の問題点

確かに,多くの経済学者,評論家,財界人などが,カナダの政府部門はアメリカよりも強い再分配機能を有するために効率面で多大な損失を生み出しており,カナダもアメリカ社会のようにならなければ将来は暗い,として「アメリカ型社会への収斂」を主張してきた[33]。この見方を典型的に表したのが,『ウォール・ストリート・ジャーナル』(1995年1月12日付)の社説「破産したカナダ」である。この社説は,カナダの政府債務の対ＧＤＰ比が先進国の中でイタリアに次いで2番目に高いレベルに上昇したことを捉えて,カナダは「第三世界の名誉会員」であると宣告し,政府の思い切った効率化以外に道はないと論じた。同紙の社説はかなり党派的な傾向が強いことで知られているが[34],この社説はカナダの新自由主義的論者を活気づける一助となった。1990年代半ばから後半にかけて,カナダの財界,右翼政党及び新自由主義的団体が,膨大な「反税」「再分配反対」のレトリックを発信したのである。

それらのレトリックの例としては,1990年代末,医者や弁護士など高度な訓

---

33)　たとえば Mintz [2002] を参照せよ。
34)　Tomasky [2003] を参照せよ。
35)　*Policy Options,* September 1999の"Brain Drain"特集,とくにEmery [1999] を参照せよ。

第3章　アメリカとカナダの租税政策

練を受けた専門家が高い税を避けるためにカナダからアメリカへ移住する，とされた「頭脳流出」を警告するメディア記事や研究がある[35]。この現象について研究者が実証分析をおこなったところ，多く見積もって2,000～3,000人の高所得専門家（主に医師）がカナダを去っているにすぎないことが明らかになった。また，それらの専門家の「流出」を避けるためとして主張される大規模な減税は何十億ドルもの歳入減少をもたらす，つまりカナダ国民は専門家1人の流出を避けるために何百万ドルも支出しなければならない，ということも判明した。しかも，減税をおこなっても，アメリカにおいてカナダで得られるよりもはるかに高い収入を得ている人が，それによって帰国するとは考えにくい[36]。

「破産」宣告を受けたにもかかわらず，カナダは自由党のクレティエン政権による中央集権的な財政運営の下で，財政再建を果たした。自由党政権による財政改革は連邦財政を持続可能な状態に建て直すための州・地方への負担転嫁を含む歳出削減と小幅な増税をともなっていた。連邦レベルではここ数年，「改革党⇒カナダ連合党⇒保守党」と改名を続けている右派政党が，アメリカの共和党スタイルの新自由主義的政策を主張しているものの，有権者の多くはこれを拒絶している。そのため，保守党は2006年1月の連邦下院総選挙に際して，右翼的あるいは財界寄りの政策を前面に出さずに，中道的な選挙公約を掲げた。さきに述べたＧＳＴの税率引き下げはその一例といえよう。さらに，選挙時点の与党であった自由党は，汚職スキャンダルによって支持率を著しく下げていた。そうした有利な状況にもかかわらず，保守党は13年ぶりに第1党となって政権の座にはついたものの，さきに見たとおり，単独過半数に届かず，下院全体としては中道・左派的な政党が多数を占めた。

カナダは新自由主義的改革を敢行しなかったものの，イギリスの『エコノミ

---

[36] たとえば，G.W.ブッシュ大統領のスピーチライターとして「悪の枢軸」のフレーズを発明したデビッド・フラム（David Frum）はカナダ人であるが，彼はカナダを「社会主義の収容所」と非難してアメリカへ「流出」した。彼は著名な新自由主義者として，カナダに住むよりもずっと多い収入を得ており，政治権力の中枢に近い所にいるので，彼がどの国に住むかという選択には相対的な税負担の軽さは関係ないであろう。

スト』誌（2003年9月27日号）は「1990年代後半以来，カナダ経済は他の先進諸国を凌いでいる」と言明した[37]。**表3－1**で見たとおり，2006年時点で，カナダはサミット参加国の中で唯一，財政黒字を記録している。この意味で，収斂説は説得力に乏しい。

2　コスト——その不明確な性質

　もちろん，新自由主義的改革をおこなえばカナダ経済はもっと成長したはずであり，カナダ国民は単にそれを理解していないだけではないか，という議論もありうる。さまざまな計量分析にもとづく研究において，カナダ国民はアメリカとの政策的相違——とくに高い税負担と強い再分配機能——による大きなコストを負担しているという主張が見られる。ある研究では，低い生産性などの影響により，損失は最大で国民所得の15％に上ると指摘されている[38]。

　しかし，高い税負担と強い再分配機能が経済に与えるコストがそこまで高いか，そしてそのコストは明確に定義できるか，という点には問題がある。たとえば，カナダとアメリカの生産性上昇率ギャップは1997〜2000年は2％近いといわれていたが，再度計算したところ，その差は約0.5％だったことが判明した[39]。さらに最近の研究では，このわずかな生産性の違いも，経済全体というよりは自営業者によって説明がつくといわれている[40]。最近の減税論議の主要な論拠は両国間の生産性上昇率ギャップであったから[41]，数値の信憑性に疑問が呈されている現在，その種の議論に対してより批判的な見地から再検討する必要がある。

　さらに，国民1人あたりGDPが低いことは，租税制度が成長阻害要因になっているのではなく，財の供給と消費が無駄なくおこなわれている結果だと

---

37) *Economist,* September 27, 2003, p. 13.
38) Orr [2003] による。
39) Statistics Canada [2002] による。
40) Geddes [2003] を参照せよ。
41) 両国間の生産性上昇率ギャップを論拠とする減税論として，Beatty [2001]; Trefler [1999] 等がある。

第3章　アメリカとカナダの租税政策

いう面もある。たとえば、さきにふれたとおり、カナダの医療サービスはアメリカよりも効率的に供給されている。アメリカを除く先進諸国と同様に、カナダは公共部門を通じて医療保険を提供している。このシステムは、医師や病院が政府に対して医療サービスコストを請求するだけですむため、関係者の諸経費を著しく軽減する。ところが、アメリカでは膨大な数の民営医療保険プランが存在するため、民間営利病院の費用の30％以上が管理費であり[42]、また医師の時間の30％が書類記入のために費やされると指摘されている[43]。また、より高い所得があったとしても、それが生活水準全般を向上させるために建設的に投資されなければ重要な意義をもたない。図3－2～図3－5からわかるとおり、カナダ国民の乳児死亡率や貧困率などはアメリカより低い一方で、平均寿

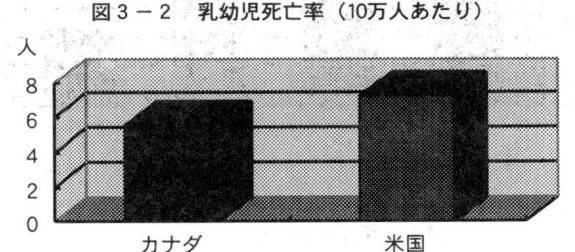

図3－2　乳幼児死亡率（10万人あたり）

資料：Andrew Jackson, *Twenty-five Key Indicators of Social Development* (Ottawa: Canadian Council on Social Development, March 2002).

---

[42] Woolhandler and Himmelstein [2003] によれば、1999年の時点で、医療費支出に占める管理費用の割合は、カナダが16.7％であるのに対して、アメリカでは31.0％であった。

[43] この問題に関するより包括的な研究はゴードン（Robert J. Gordon）によってなされている（Gordon [2002]）。ゴードンの研究は、アメリカと対照的な大規模な政府の介入によってヨーロッパの国民が負うコスト（たとえば、人口1人あたり国民所得やGDPの低さ）を比較している。ゴードンは、欧州における短い労働時間、長期の休暇、交通機関など、地域共同体によって提供される財・制度の多いことが、数値に表される経済活動を減らすものの、おそらくアメリカよりずっと高い生活の質を生み出していると述べる。アメリカ国民の自家用車保有や民営医療保険への依存は、多くの余分な仕事や出費を強いているが（たとえば、医療の経営管理に要する膨大な時間）、それが平均的アメリカ国民の生活の質の向上に貢献していると論じるのは無理であろう。

図3-3　貧困率：2002年

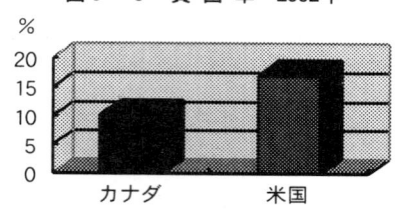

資料：図3-2に同じ。

図3-4　平均寿命：2002年

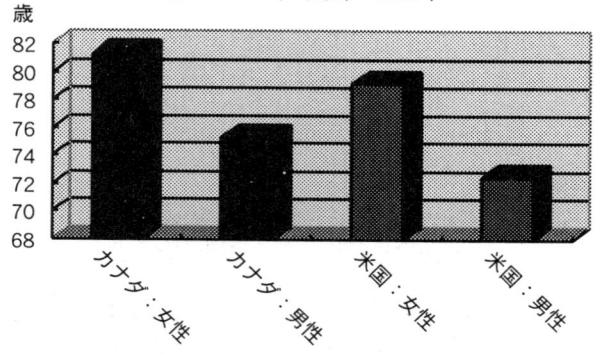

資料：図3-2に同じ。

図3-5　成人読解力（国民の割合）

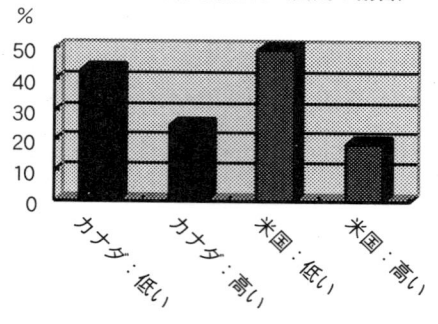

資料：図3-2に同じ。

命，識字率などはアメリカを上回っている。さらに，犯罪率についてもカナダはアメリカよりはるかに低い。

3 なぜ両国の相違が継続するのか

カナダとアメリカの財政的相違が存続している理由の一つとして、カナダ国民の多くが自国の制度をアメリカのそれより有益であると信じていることがあげられる。2003年6月の世論調査によると「89％のカナダ国民が、カナダはアメリカよりも国民により良い生活を提供すると考えている」ことが明らかになった[44]。

貧困率などのデータがカナダ国民の考え方に影響を与えているのかどうかは価値判断に拠る。もし人口1人あたり国民所得をある制度の評価に際しての主要な決定項だと見做せば、その評者はカナダ国民の認識が誤っていると結論づけるだろう。確かに、有権者や世論調査の回答者の過半数が信じていることは常に正しい訳ではなく、また長期的には大きく変化する。そして多くの場合、有権者は政策決定には限られた影響力しかもたない。

そこで以下では、カナダ国民が極めて意識的に自国のモデルを支持し、新自由主義的政策を拒絶しているという仮説について、より説得力のある根拠を提示しようと試みる。この際われわれは、カナダがアメリカの財政モデルを導入するには高い制度的、イデオロギー的障壁が存在することを論じる。またわれわれは、なぜアメリカ国民の多くが福祉国家の縮小と減税を願っていないにもかかわらず、そのような状態が続いているのかを論じる。

本章の目的の一つは、財政的事象の政治経済学的分析において、「政治」を取り戻すことである。過去20年間、合理的選択制度論など、極度に経済事象のみに焦点を合わせたミクロ・レベルのアプローチが政治経済学的アプローチの中で支配的になった。このことに学問的な意義がまったくないわけではない。このアプローチによるモデル化や検証可能な仮説の強調が、かつての租税政治分析における主流であったマクロ・レベルの文化論的な議論に疑問を呈する一助となったためである。他方、ミクロ・レベルのモデルは、個人の選択に過剰に焦点をあてて、より幅広い社会政治的背景を軽視するアメリカ政治経済学派

---

44) Orr [2003] による。

に根ざしている。とくに興味深いのは,「政策は中位投票者の選好が表明されたものだ」とする主張に過剰な信頼を置くモデルである。ところが,公共選択学派の論者でさえ,「中位投票者」仮説は実証的に裏づけられていないと認識している[45]。また多くの政治学者が「過剰な(方法論的)個人主義」[46]が政治学に及ぼす影響に失望している。G.W.ブッシュ政権の2001年減税に関する最近の研究は,「中位投票者」仮説を検証した結果「2001年の減税が成立したのは平均的な有権者がそれを望んだからである,と説得力を持って議論することはできない」と明言している[47]。むしろこれらの研究では,アメリカ政治における組織化された圧力団体の影響力が大きい,との結果が出されている。

4 理念, 制度, そして利害関係者

なぜカナダの制度がアメリカのそれに収斂していかないのかを考えるに際して,まず,カナダとアメリカにおいてどのように理念,制度,そして利害関係者が政策決定過程に影響を及ぼすと考えられているか,簡単に見ておきたい。

まず理念についてであるが,国家の役割に関するカナダ国民とアメリカ国民との相違は,カナダがより強力な「イギリス保守の伝統」にもとづいていることだ,とよくいわれる。この「イギリス保守の伝統」とは,階層的規範,高い身分にともなう義務感などを包含する言葉である。約230年前,アメリカ国民はイギリスに対し反乱を起こし,自由という理念にもとづいた社会を構築した。そのためアメリカ社会は,ハーツ (Louis Hartz) の言葉を借りれば,カナダのような「イギリス保守の情味」を欠いており,集団主義の余地がほとんどない小さい政府と個人主義的な解決方法に重きを置いている[48]。これらの概念をさらに発展させ,リプセット (Seymour M. Lipset) はアメリカが他の先進諸国と比べていかに独特であるかを探求するいくつもの研究を残している[49]。たとえば,

---

45) Mueller[2003]pp.243-246を参照せよ。
46) Peters[1996]p.217.
47) Hacker and Pierson [2006] を参照せよ。
48) Hartz [1964] を参照せよ。

リプセットが指摘するように,有力な社会主義の,または労働者の政党が発達しなかったのはアメリカのみであり,また,「アメリカの労働組合員の半分以下しか,政府が失業者に対して適正な水準の生活を保障することを支持しない。これに対し,西ドイツでは69%,イギリスでは72%,イタリアでは73%の労働組合員がそのような政策を支持している」。

モロン(James A. Morone)による最近の研究は,宗教的,倫理的熱情がアメリカにおいて果たしてきた(そして現在も果たし続けている)影響を重要視している[50]。他の先進諸国においては,社会的,経済的発展にともなって,宗教の果たす役割は弱くなっている。しかし,ピュー・リサーチ・センターが2002年におこなった調査によれば,59%のアメリカ国民は現在でも宗教が日常生活において非常に重要だと考えている[51]。同様に考えている国民の割合は,カナダでは30%,フランスでは11%,ドイツで21%,そして日本では12%にすぎない。モロンの研究は,清教徒信仰とその熱狂的倫理感がアメリカ国家の発達の独特なスタイルの主な原因だと指摘している。アメリカにおいて政府規模が比較的小さいことは,清教徒の個人責任と独立独歩の精神重視に適応している。それと同時に,同国政府の個人生活に対するしばしば行きすぎた介入も,清教徒信仰における個人の行動――とくに個人の行動が罪深い,もしくは邪悪であると考えられた場合――をコントロールするコミュニティー創造への熱意に対応している。このような激情が他の先進国では考えられないほど国家の圧制的な権力を強めた禁酒法,麻薬撲滅戦争などを引き起こしたのである。社会問題の解決を個別化することと,根底にある問題を集団的に解決することでは,どちらのコストがより高いかは不明である。明らかなのは,アメリカ政府が200万人以上の市民を巨大な「刑務所産業複合体」に閉じ込めていることである。これはアメリカが,囚人の多くをトラブルへ追いやった社会問題を公営住宅,教育などの改善を通じて集団的に解決することを軽視していることを示すものであ

---

49) Lipset [1996] 等がある。
50) Morone [2003] を参照せよ。
51) PEW Research Center [2002] による。

る[52]。

　国民的価値観が遠い過去に由来すると強調することは，不適切であると考えられがちである。というのは，すべての国において，どのような支配的な考えも，時を経る間に多かれ少なかれ必ず変化するからである。そのため，政治学者の多くは，国民的価値観の発現を，制度や公共政策の中に見つけようとする。カナダとアメリカの租税制度の比較にあたって重要なのは，単に「イギリス保守の情味」と清教徒信仰との差異を際立たせることだけではない。少なくともそれと同程度に重要なのは，両国が政治機関やそれに付随する制度についても大きく異なるという事実である。

　カナダにおいては，税制や公共サービスについて，有識者を中心とする諮問機関を設置して，関係者の意見も聴取しつつ専門的見地から答申をまとめ，それを政策に生かす伝統が生きている[53]。たとえば，戦時税制の中央集権化と財政調整制度を提言したローウェル＝シロワ報告[54]，包括的所得税を提言したことで世界的に有名なカーター報告[55]等がある。

　また，カナダには強力な政党組織をともなう複数政党制，政権内が極めて集権化された連邦政府，そして議院内閣制度がある。これらの制度は，社会民主主義を掲げる第三政党である新民主党の発達を促進した。そして新民主党は州政府レベルにおいて政権を担い，公的医療保険を導入して，それを全国的な制度として導入するよう連邦政府に圧力をかけた[56]。

---

52) シュロッサー（Eric Schlosser）によれば（Schlosser [1998]），たとえば，アメリカの囚人の70％は文字を読めず，20万人は重度の精神障害を患っており，60〜80％は治療を受ける見込みのほとんどない薬物依存症である。また，2002年12月31日時点で，アメリカの刑務所維持の費用は囚人1人あたり平均およそ22,000ドル，総額は400億ドル強であり，投獄率は人口10万人あたり701人と世界最高である。これに対して，カナダの投獄率は人口10万人あたり116人である。比較データについては「刑務所研究のための国際センター」ウェブサイト（http://www.prisonstudies.org/）を参照せよ。

53) Bradford [1998] を参照せよ。
54) Canada [1940].
55) Canada [1966]. カーター報告については，本書第2章を参照せよ。

カナダ政治においては左派の影響力が強く残っている。そのことがアメリカとは好対照をなし，積極的な公共部門の必要性と，市民社会におけるさまざまな問題に関して多様性を維持している。カナダで現在も左派の影響力が残っている理由の一つは，社会における労働組合の地位，つまり労働組合をもつ職場の割合がアメリカより高く，労働組合の新民主党に対する支持が強いことである。カナダの労働組合は労働人口の36％を組織しているが，アメリカにおいてその割合はカナダの半分である[57]。新民主党は多くの州政府で政権を握った経験をもち，連邦レベルでも連立内閣に参加したことがある。そのため同党は社会改革と平等という理念，そして反動的政策への反対を動員する媒体であり続け，1990年代以降，政府・与党が国家を右寄りに再構成する動きを牽制してきた。

さらに，非常に控えめではあるが，社会民主主義的理念——もしくは，イギリス保守階層的な規範と高い身分にともなう義務感とのミックス——は，クレティエン首相の下で長期政権に就いた自由党（連邦レベル）の中心部にさえ歴然としている。クレティエン首相自身は現実主義，管理主義的な人物であるが，常に政府の社会サービスにおける役割を強調してきた。クレティエン政権の財務相を務め，後継の首相に就任したマーティン（Paul Martin）も，官僚的ではあるが，カナダの福祉国家構築に大きく貢献した政治家の息子である。自由党政権が最も思い切って歳出を削減した1990年代半ばにおいても，彼らは世論と，彼ら自身の引き継いだ国家による福祉機能の中心的役割の維持・増進を重視する価値観を尊重せざるをえなかった[58]。2006年に成立した保守党のハーパー政権も，カナダに根付いている政府の福祉機能を無視する路線をとれば，政権が短命に終わる可能性もある。

州レベルで見ると，カナダで最大の人口（約1,200万人［全国人口の約38％］）を有するオンタリオ州において，2003年10月におこなわれた総選挙では，個人所

---

56) Maioni［1998］を参照せよ。
57) Jackson［2002］による。
58) Swimmer［1996］による。

得税と財産税（不動産税）の減税を公約にした与党（進歩保守党）に対して，減税の中止と法人所得税・財産税の増税及び医療・教育・環境関連の歳出拡大を唱えた野党（自由党）が圧勝し，政権交替を実現した。同州の自由党政権は，その4年後，2007年10月の総選挙でも再選された。

それとは対照的に，過去20年間のアメリカ政府は，程度の差こそあれ，ニューディールと対貧困戦争の時代に作り上げた国家の社会的役割を縮小している。1993年，クリントン大統領が率いる民主党は，全国的な公的医療保険制度の導入を試みた。しかし，これに失敗すると，民主党は福祉改革，規制緩和などを通じて新自由主義的な政府スリム化の動きを促進し，もしくはそれに迎合するようになった。

アメリカでは，歳出増大をともなう新たな政策を打ち出しにくくなっているため，「租税支出」(tax expenditure) の形で政策の実現を図る傾向が強まっている。クリントン政権がおこなった高等教育向けの税額控除・所得控除，個人退職勘定の拡大，児童税額控除の導入などがこれにあたる。また，1990年代前半は増税基調であったが，その中でも低所得労働者向け福祉給付にあたる勤労所得税額控除は拡充されていた。これらは，民主党からは積極的な政策と評価されるともに，共和党からは「減税」と見做されたため，実現が相対的に容易であった。

アメリカの政府機関は，政府への直接の市民参加を促すために，分割された政府（大統領，議会，裁判所），弱い政党，無数の規則——予備選，住民投票，公開された審問委員会，リコールなど——という特徴をもつ。分割されたアメリカの政府制度におけるいわゆる「抑制と均衡」は，多数派が少数派の権利を踏みにじるのを防ぐ意図によってつくられた。

アメリカでは，大統領やそのスタッフが有する構想を反映した租税政策が提案されても，連邦議会において，ロビイストの影響も受けつつ，共和党・民主党の各議員が独自の行動をとるため，上下両院における修正，妥協が必要になる。これにより，大統領と議会多数派が同一政党である場合であっても，原案がもつイデオロギー色が薄められる傾向がある。

第3章　アメリカとカナダの租税政策

しかし最近は，そのようなアメリカの制度は，次に見るように，非常に少数派の利害関係者でさえ財政政策を支配するのを放置してしまう，という効果を発揮したのである。

5　広がる所得格差の背景

カナダとアメリカの制度の大きな相違の一つは，国民所得のうち高所得層の受け取る割合が，アメリカにおいてカナダよりも著しく高いことである[59]。所得格差の拡大傾向はすべての先進国に共通する現象だが[60]，アメリカは所得の不平等さにおいても群を抜いている。

カナダでもアメリカでも，所得の不平等の政治的帰結として大規模な抗議運動が起こることはほとんどない。これはカナダでは，国民が自国の制度をもっと社会保障の手厚いヨーロッパ諸国ではなく，アメリカと比較するからであろう。

そしてアメリカにおいては，不平等の程度が1930年代以来の高水準である[61]。ところが世論調査は決まって，アメリカ国民は，自国の制度が他のどの国よりも大きい階層間移動性をもたらしていることで，この不平等性は補われていると考えていることを示す。実際には，最近の研究において，階層間移動性はそれほど高くはないことが指摘されている[62]。しかし，階層間移動性への「ホレイショ・アルガー」信仰——小説「ホレイショ・アルガー」において，成功は独立独歩と勤勉によって達成される，とされていること——はアメリカの国民性の一部であり，簡単に崩されるものではない。

さらに重要なのは，このますます大きくなる所得格差が租税政治に与えた影響である。最も興味深い点の一つは，アメリカの政治制度が，「中位投票者」の選好や，おそらくどのような理性の基準から見ても願うに違いない政策をもた

---

59) Orr [2003] による。
60) Noll and Lemel [2002] を参照せよ。
61) Phillips [2002] を参照せよ。
62) Hutton [2003] を参照せよ。

らさないことである。アメリカの政策決定過程の開放性や政党制度は，裕福で高度に組織化された利害関係者が租税政策決定過程において非常に極端な目標を達成することを可能にしている。

たとえば，2001年における世論調査では国民の過半数が減税よりも財政赤字の削減を望んでいたにもかかわらず，減税が実行された。それだけではなく，減税の恩恵（相続税の軽減と廃止を含む）は圧倒的に，納税者のうち最富裕のトップ10％層に偏っていた。この政策は政治コストなしに成し遂げられた。なぜなら，最近の研究によると[63]，政府の公式なデータは意図的に操作されており，選挙政治における資金の使い方も，具体的な政策で広い中道層の支持を掴むことから，イメージとレトリックを用いて洗練されたメディア戦略──たとえば「慈悲深い保守」──へ変化しているからである。

1990年代以降のアメリカについて書かれた最近の著作の中で，スティグリッツ（Joseph E. Stiglitz）は，資産にまつわる大きな不平等は常に政治的影響力にまつわる大きな不平等へそのまま転嫁されると論じている[64]。共和党の過激な新自由主義者たちは，クリントン政権期の民主党に影響を与えたのみならず，さきに概観したとおり，G.W.ブッシュ大統領が連邦財政を巨額の赤字に陥らせるように導いた。たとえば，最も過激な反税運動の圧力団体である全米税制改革協議会のノーキスト（Grover Norquist）は，相続税を「ホロコースト」になぞらえて，その廃止を唱えている。

他方，カナダの政治制度は，直接の市民参加に関してアメリカほど開かれてはいない。カナダは立憲君主制の国家であり，国家元首の直接選挙制度もなく，予算政策策定過程は概して閉鎖的である。また，州税を連邦税と調和させ，平衡交付金やブロック補助金を運営することで，協調的な財政連邦主義がとられてきた。さらに，議会の権限を制約する住民投票や州首相のリコールといった市民主導の手段も存在しない。しかし実際には，アメリカよりカナダの方が中位投票者の願望を代弁するような政策結果をもたらしているといえる。

---

63) Hacker and Pierson [2006] を参照せよ。
64) Stiglitz [2003] による。

第3章 アメリカとカナダの租税政策

Ⅵ おわりに

　アメリカとカナダとは緊密な経済的関係を有するが，本章において明らかにしたように，政府の規模，租税負担及びその構成，財政連邦主義の制度——とくに税制「調和」の有無や政府間財源移転の内容——などにおいて，両国の間には大きな相違が見られる。

　カナダにおいて，医療・福祉・教育などにおける高水準の社会サービスや強い再分配機能に対して，新自由主義的な批判はあるものの，アメリカ・モデルへの「収斂」は見られない。カナダでは，国民が全般的な生活水準の安定と向上における政府の役割を肯定的に評価している。また集団主義の考え方や社会民主主義的理念の影響力も根強く，現在まで反税運動が大きな影響力をもったことはない。これに対してアメリカでは，個人責任や独立独歩の価値観などが強調され，所得の不平等度も高い。そのうえ政治制度が分割されている中で，少数の強固な利益集団が最富裕層に恩恵が集中する所得減税・資産減税を実現し，軍事・国土安全保障費の急増と相まって，巨額な財政赤字をもたらしているのである。

（付記）　本章は，池上・デウィット［2005］をベースとして，2005年以降の事実経過及び資料にもとづいて，修正及び新たな分析をおこなったものである。

〔参考文献〕
池上岳彦［1998］「カナダの連邦・州間税源配分と一般売上税改革」日本地方財政学会編『高齢化時代の地方財政』勁草書房，所収。
池上岳彦［2003］「カナダの財政調整制度」『立教経済学研究』第56巻第3号，45-73ページ。
池上岳彦［2004a］『分権化と地方財政』岩波書店。
池上岳彦［2004b］「カナダの分権システムを支える州の個人所得税」『地方税』第55巻第9号（9月号），2-8ページ。
池上岳彦［2005］「州・地方財政危機の政治経済学」金子勝・池上岳彦・アンドリュー＝

デウィット編『財政赤字の力学』税務経理協会，所収。
池上岳彦 [2008]「財政連邦主義の変容」新川敏光編『多文化主義社会の福祉国家』ミネルヴァ書房，所収。
池上岳彦・アンドリュー・デウィット [2005]「税制改革の源流」金子勝・池上岳彦・アンドリュー・デウィット編『財政赤字の力学』税務経理協会，所収。
片桐正俊 [2005]『アメリカ財政の構造転換』東洋経済新報社。
小泉和重 [1999]「アメリカ連邦財政赤字の均衡化」大島通義・神野直彦・金子勝編『日本が直面する財政問題』八千代出版，所収。
小泉和重 [2004]『アメリカ連邦制財政システム』ミネルヴァ書房。
Adams, Michael [2003] *Fire and Ice: The United States, Canada and the Myth of Converging Values*, Toronto: Penguin Canada.
Akerlof, George, Kenneth J. Arrow, Peter Diamond, Lawrence R. Klein, Daniel L. McFadden, Lawrence Mishel, Franco Modigliani, Paul A. Samuelson, Robert M. Solow, Joseph Stiglitz, Laura D' Andrea Tyson, Janet Yellen, Douglass C. North and William F. Sharpe [2003] "Economists' Statement Opposing the Bush Tax Cuts," *The New York Times*, February 11 (Full-Page Advertisement)
http://www.epinet.org/content.cfm/econ_stmt_2003
Amromin, Gene, Paul Harrison and Steven A. Sharpe [2005] *How Did the 2003 Dividend Tax Cut Affect Stock Prices?* Federal Reserve Board, Divisions of Research & Statistics and Monetary Affairs, Finance and Economics Discussion Paper Series No. 2005-61 (December 12).
Aron-Dine, Aviva and Joel Friedman [2006] *The Skewed Benefits of the Tax Cuts, 2007-2016: If the Tax Cuts Are Extended, Millionaires Will Receive More than $600 Billion over the Next Decade*, Washington, D.C.: Center on Budget and Policy Priorities (Revised March 15).
Beatty, Perin [2001] "Productivity Paradox," Speech by President and CEO of Canadian Manufacturers and Exporters, March.
http://www.cme-mec.ca/shared/upload/national/Paradox.pdf
Boadway, Robin W. and Harry M. Kitchen [1999] *Canadian Tax Policy, 3rd Edition*, Toronto: Canadian Tax Foundation.
Bradford, Neil [1998] *Commissioning Ideas: Canadian National Policy Innovation in Comparative Perspectives*, Toronto: Oxford University Press.
Brownlee, W. Elliot [2004] *Federal Taxation in America, Second Edition*, Washington, D.C.: Woodrow Wilson Center Press and Cambridge University Press.
Brownlee, W. Elliot and C. Eugene Steuerle [2003] "Taxation," in W. Elliot Brownlee and Hugh Davis Graham (eds.) *The Reagan Presidency: Pragmatic Conservatism and Its Legacies*, Lawrence: University Press of Kansas.
Burman, Leonard E. [2006a] "Transforming the Tax Code: An Examination of the

President's Tax Reform Panel Recommendations," Statement of Leonard E. Burman before the Subcommittee on Tax, Finance, and Exports, and Rural Enterprises, Agriculture, and Technology, House Committee on Small Business (February 1).

Burman, Leonard E. [2006b] "New Healthcare Tax Proposals: Costly and Counterproductive," *Tax Notes,* February 13, pp. 779−780.

Burman, Leonard E. and William G. Gale [2005] "A Preliminary Evaluation of the Tax Reform Panel's Report," *Tax Notes,* December 5, pp. 1349−1368.

Burman, Leonard E., William G. Gale and Peter R. Orszag [2003] "Thinking Through the Tax Options," *Tax Notes,* May 19, pp. 1081−1099.

Canada [1940] *Report of the Royal Commission on Dominion-Provincial Relations: Books I - III (Rowell-Sirois Report),* Ottawa: King's Printer.

Canada [1966] *Report of the Royal Commission on Taxation: Vols. 1− 6 (Carter Report),* Ottawa: Queen's Printer.

Canada [2000] Department of Finance Canada, *January 2001 Tax Cuts* (December 14). http://www.fin.gc.ca/toce/2000/update01-1e.html

Canada [2003] Department of Finance Canada, *The Canadian Tax Advantage* (August). http://www.fin.gc.ca/toce/2003/cantaxadv_e.html

Canada [2007a] Department of Finance Canada, *Fiscal Reference Tables* (September).

Canada [2007b] Department of Finance Canada, *Economic Statement: Strong Leadership. A Better Canada* (October 30).

Committee for Economic Development, Concord Coalition, and Center on Budget and Policy Priorities [2003a] *The Developing Crisis-Deficits Matter: Joint Statement* (September 29).

Committee for Economic Development, Concord Coalition, and Center on Budget and Policy Priorities [2003b] *Mid-term and Long-term Deficit Projections* (September 29).

Emery, Herb [1999] "The Evidence vs. the Tax-cutters," *Policy Options,* September (special issue on "The Brain Drain").

Environics Research Group [2003] "Canadians Approve of the US, Disapprove of President George W. Bush," July 11.
http://erg.environics.net/news/default.asp?aID=524

Friedman, Joel and Robert Greenstein [2006] *Administration Proposals to Hide Tax-Cut Costs,* Washington, D.C.: Center on Budget and Policy Priorities (February 14).

Gale, William G. [2002] "Now Is the Time for All Good Feds to Come to the Aid of States," *Los Angeles Times,* December 20.

Gale, William G. [2003] "Estate tax: Tax Needs Reform, But Repeal Would be a Giveaway to the Wealthy," *Spartanburg Herald-Journal,* July 27.

Gale, William G. and Peter R. Orszag [2003] "The Budget Outlook: Baseline and Adjusted

Projections," *Tax Notes*, September 22, pp. 1595—1603.
Gale, William G. and Peter R. Orszag [2004a] "The Budget Outlook: Updates and Implications," *Tax Notes*, February 16, pp. 915—929.
Gale, William G. and Peter R. Orszag [2004b] "Should the President's Tax Cuts Be Made Permanent?" *Tax Notes*, March 8, pp, 1277—1290.
Gale, William G., Peter R. Orszag and Isaac Shapiro [2004] *The Ultimate Burden of the Tax Cuts*, Washington, D.C.: Urban-Brookings Tax Policy Center and Center for Budget and Policy Priorities (June 2).
Geddes, John [2003] "Canada and the US," *McClean's*, September 29.
Gordon, Robert J. [2002] "Two Centuries of Economic Growth: Europe Chasing the American Frontier," Paper Prepared for Economic History Workshop, Northwestern University (October 17).
http://faculty-web.at.northwestern.edu/economics/gordon/355.pdf
Hacker, Jacob S. and Paul Pierson [2006] *Off Center: The Republican Revolution and the Erosion of American Democracy*, New Haven: Yale University Press.
Hartz, Louis [1964] *The Founding of New Societies: Studies in the History of the United States, Latin America, South Africa, Canada, and Australia*, New York: Harcourt, Brace and World.
Hutton, Will [2003] *The World We're in*, London: Time Warner Books.
Jackson, Andrew [2002] *Twenty-five Key Indicators of Social Development*, Ottawa: Canadian Council on Social Development, March.
http://www.ccsd.ca/pubs/2002/olympic/indicators.htm
Kamin, David and Richard Kogan [2004] *Deficit Picture Grimmer than CBO's March Projections Suggest*, Washington, D.C.: Center on Budget and Policy Priorities (June 4).
Kesselman, Jonathan and Roy Cheung [2003] *Taxation, Progressivity and Inequality in Canada*, UBC Department of Economics, July.
http://www2.arts.ubc.ca/cresp/jktax.pdf
Kogan, Richard [2003] *War, Tax Cuts, and the Deficit*, Washington, D.C.: Center on Budget and Policy Priorities (July 8).
Kogan, Richard and Aviva Aron-Dine [2006] *Claim That Tax Cuts "Pay for Themselves" Is Too Good To Be True: Data Show No "Free Lunch" Here*, Washington, D.C.: Center on Budget and Policy Priorities (March 8).
Kravitz, Troy and Leonard Burman [2005] "Capital Gain Tax Rates, Stock Markets, and Growth," *Tax Notes*, November 7, p. 815.
Lav, Iris J. [2003] *The State Fiscal Crisis Is Impeding Economic Growth*, Washington, D.C.: Center on Budget and Policy Priorities (February 18).
Lav, Iris J. [2006] *Tax Cuts Proposed in President's Budget Would Ultimately Cause Large State Revenue Losses*, Washington, D.C.: Center on Budget and Policy

第3章　アメリカとカナダの租税政策

Priorities (March 16).
Lav, Iris J. and Andrew Brecher [2004] *Passing Down the Deficit : Federal Policies Contribute to the Severity of the State Fiscal Crisis*, Washington, D.C. : Center on Budget and Policy Priorities (May 12).
Lipset, Seymour M. [1996] *American Exceptionalism : A Double-edged Sword*, New York : W. W. Norton.
Maioni, Antonia [1998] *Parting at the Crossroads : The Emergence of Health Insurance in the United States and Canada*, Princeton : Princeton University Press.
Mankiw, N. Gregory [2003] "Remarks of Dr. N. Gregory Mankiw, Chairman, Council of Economic Advisers, at the Annual Meeting of the National Association of Business Economists," Atlanta, September 15.
http://www.whitehouse.gov/cea/mankiw_speech_nabe_20030915.pdf
Mankiw, N. Gregory [2004] "Economic Choices," Remarks at the CNBC Financial Summit, May 21.
http://www.whitehouse.gov/cea/mankiw-cnbc.html
Mintz, Jack [2002] *Tax Policy as a Contribution to Canada's Economic Advantage*, Toronto Dominion Bank, October.
http://www.td.com/economics/standard/full/Mintz.pdf
Mishel, Lawrence [2002] *Generating Jobs and Growth : An Economic Stimulus Plan for 2003*, Washington, D.C. : Economic Policy Institute (*Briefing Paper*, #132. December 23).
Moore, Stephen [2003a] "A Tax Cut Worth Cheering," *National Review Online*, May 23.
Moore, Stephen [2003b] "Sunset Spending, Not the Tax Cuts," *National Review Online*, May 30.
Morone, James A. [2003] *Hellfire Nation : The Politics of Sin in American History*, New Haven : Yale University Press.
Mueller, Dennis C. [2003] *Public Choice III*, New York : Cambridge University Press.
Mühleisen, Martin, and Christopher Towe (eds.) [2004] *U.S. Fiscal Policies and Priorities for Long-Run Sustainability*, Washington, D.C. : International Monetary Fund (*Occasional Paper*, No. 227. January 7).
National Governors Association (NGA) and National Association of State Budget Officers (NASBO) [2005] *The Fiscal Survey of States : December 2005*.
Noll, Heinz-Herbert, and Yannick Lemel [2002] *Changing Structures of Inequality : A Comparative Perspective*, Kingston and Montréal : McGill-Queen's University Press.
Norquist, Grover [2003] "Step-by-Step Tax Reform," *Washington Post*, June 9 (Op-Ed Article).
Organisation for Economic Co-operation and Development (OECD) [2007a] *Revenue*

Statistics 1965−2006, Paris：OECD.

Organisation for Economic Co-operation and Development(OECD) [2007b] *OECD Economic Outlook 82,* Paris：OECD.

Orr, Dale [2003] "Most Canadians Believe They Have a Higher Quality of Life Than Americans：How Could This Be？" *Global Insight,* July 14.
  http：//www.globalinsight.com/Perspective/PerspectiveDetail487.htm

Pew Research Center[2002]"Among Wealthy Nations, US Stands Alone in Its Embrace of Religion,"December 19.
  http：//people-press.org/reports/display.php3？ReportID＝167

Peters, B Guy[1996]"Political Institutions, Old and New,"in Robert E Goodin and Hans-Dieter Klingemann(eds.), *A New Handbook of Political Science,* Oxford：Oxford University Press.

Phillips, Kevin[2002] *Wealth and Democracy：A Political History of the American Rich,* New York：Broadway Books.

Professional Referrals Canada [2003] "A Comparison of Canadian and U.S. Corporate Income Tax Burdens."
  http：//professionalreferrals.ca

Rivlin, Alice M., and Isabel V. Sawhill[2004] *How to Balance the Budget,* Washington, D.C.：Brookings Institution (*Policy Brief,* #130. March).

Rosen, Harvey S. [2004] "The Case for Making the Tax Cuts Permanent,"Remarks at the National Tax Association Spring Symposium, May 20.
  http：//www.whitehouse.gov/cea/nta-spring.html

Sawicky, Max B. [2003] *Altered States：How the Federal Government Can Ease the States' Fiscal Crisis,* Washington, D.C.：Economic Policy Institute (*Issue Brief,* #187. February 26).

Schlosser, Eric[1998]"The Prison Industrial Complex,"*Atlantic Monthly,* December.

Slemrod, Joel and Jon Bakija[2008] *Taxing Ourselves, Fourth Edition,* Cambridge：MIT Press.

Smeeding, Timothy[2000]"Changing Income Inequality in OECD Countries：Updated Results from the Luxembourg Income Studies,"Center for Policy Research, Maxwell School, Syracuse University.

Statistics Canada [2002] "Canada/U.S. Labour Productivity Revisions in the Business Sector(1998−2001),"*Micro-Economic Analysis,* September.
  http：//www.statcan.ca/english/concepts/15−204/

Steinmo, Sven[1993] *Taxation and Democracy：Financing the Welfare State in Britain, Sweden and America,* New Haven：Yale University Press. (塩崎潤・塩崎恭久共訳『税制と民主主義』今日社，1996年)

Steuerle, C. Eugene[1991] *The Tax Decade,* Washington, D.C.：Urban Institute Press.

Steuerle, C. Eugene [2008] *Contemporary U.S. Tax Policy, Second Edition,* Washington,

D. C.：Urban Institute Press.

Stiglitz, Joseph E. [2003] *The Roaring Nineties*, New York：W. W. Norton.

Swimmer, Gene [1996] "An Introduction to Life Under the Knife," in Gene Swimmer (ed.), *How Ottawa Spends 1996−97：Life Under the Knife*, Ottawa：Carleton University Press.

Tannenwald, Robert [2002] "Are State and Local Revenue Systems becoming Obsolete？" *National Tax Journal*, Vol. 55, No. 3, pp. 467−489.

Toder, Eric J. [2005], "Extension of Saving and Investment Initiatives," Testimony Submitted to Subcommittee on Taxation and IRS Oversight of the Committee on Finance, United States Senate(June30).

Tomasky, Michael [2003] *Whispers and Screams：The Partisan Nature of Editorial Pages*, Harvard University, Joan Shorenstein Center on the Press, Politics and Public Policy(*Research Paper R-25.* August).

Treff, Karin, and David B. Perry [2008] *Finances of the Nation 2007*, Toronto：Canadian Tax Foundation.

Trefler, Daniel [1999] "Does Canada Need a Productivity Budget？" *Policy Options* (July-August).

United States [2003a] Congress, Joint Committee on Taxation, *Estimated Budget Effects of the Conference Agreement for H. R. 2 The "Jobs and Growth Tax Relief Reconciliation Act of 2003"* (JCX-55-03. May 22).

United States [2003b] Congressional Budget Office, *The Budget and Economic Outlook：An Update* (August 26).

United States [2004] Congressional Budget Office, *An Analysis of the President's Budgetary Proposals for Fiscal Year 2005* (March).

United States [2006a] Executive Office of the President, Office of Management and Budget, *Analytical Perspectives：Budget of the United States Government, Fiscal Year 2007* (February 6).

United States [2006b] Department of the Treasury, *General Explanations of the Administration's Fiscal Year 2007 Revenue Proposals* (February 6).

United States [2008] Executive Office of the President, Office of Management and Budget, *Historical Tables：Budget of the United States Government, Fiscal Year 2009* (February 4).

Urban Institute [2006] "17th Annual Roundtable on the President's Budget and the Economy," (February 8).

http：//www.taxpolicycenter.org/publications/template.cfm？PubID=900931

Wildasin, David E. [2000] "State and Provincial Corporate Income Taxation：Current Practice and Policy Issues for the United States and Canada," *Canadian Tax Journal*, Vol. 48, No. 2, pp. 424−441.

Woolhandler, Steffie, and David U. Himmelstein [2003] "Costs of Health Care Administration in the United States and Canada,"*New England Journal of Medicine,* Vol. 349, No. 8, pp. 768—775.

第4章　エネルギーと環境の危機
―― 租税国家を経済的パラサイト扱いする政治を超えて ――

アンドリュー・デウィット

I　はじめに

　シュンペーター（Joseph A. Schumpeter）は1918年の著作『租税国家の危機』において，「租税による操作」がいかに私的経済のありように影響を与え，翻ってそれが租税を強制する国家のありように影響を与えるか，興味深い記述をしている[1]。彼はまた，「社会的共感」の広がりと重税は企業家精神の減退と，その結果私的経済の沈滞という危機へつながると予測している。非干渉主義の「小さな政府」の必要性を訴える新自由主義的なレトリックが支配的な現代日本における租税をめぐる議論には，そのようなインセンティブ危機は既に起きているという同意があるようだ。しかし，本章はそれに反論する。非常に深刻な危機が起きていることに間違いないが，それは租税国家の活動ではなく，エネルギーと環境分野における市場の失敗に起因するものだ。本章では，日本の租税政治が環境面における「租税による操作」あるいは「賢明な課税」その他の財政手段の拡大利用を奨励すべきであることを議論する。事実，われわれがエネルギーと環境という普遍的な危機に対処することは，これらのリスクへの対応とチャンスを利用するという二つの可能性を結合することに他ならない。現代日本の租税政治において革新的な財政は強い反発を招くきらいがあるが，そのことにより日本は環境に配慮した産業の刷新に乗り遅れるリスクを冒して

---

1)　Schumpeter [1918]。

いる。この点において，租税国家は決して「経済的パラサイト」ではないことを示している。租税は明らかに，私的経済－その結果，国際コミュニティーを巻き込む恐れのある危機から免れさせるインセンティブを構築する本質的な道具なのである。

II 真の危機

現代の危機は2007年2月に発表されたIPCC (Intergovernmental Panel on Climate Change. 気候変動に関する政府間パネル) の報告書「気候変動2007 (自然科学的根拠)：政策決定者向け要約」により明らかである。これによれば「二酸化炭素は最も重要な人為起源の温室効果ガスである。世界的な二酸化炭素の大気中濃度は，工業化以前の約280ppmから2005年には379ppmに増加した。2005年における大気中二酸化炭素濃度は，氷床コアから決定された，過去約65万年間の自然変動の範囲（180～300ppm）をはるかに上回っている。二酸化炭素濃度の増加率は，年ごとの変化が大きいものの，最近10年間の上昇率（1995～2005年平均：年当たり1.9ppm）は，連続的な大気の直接観測を開始して以来の値（1960～2005年平均：年当たり1.4ppm）と比べて大きい。…工業化以後における大気中の二酸化炭素濃度上昇の主要な原因は化石燃料の使用」とされている。

要するに，化石燃料の使用による排出物が気候変動を引き起こしているのであり，過去65万年で排出されてきた量をはるかに上回る温室効果ガスが排出されている。しかも，その排出量は加速的に増加し続けているのだ。

また，この報告書によれば，温度や海面の上昇，種の絶滅や異常気象といった現象は，われわれがいくら止めようとしても悪化するばかりだという。たとえわれわれが突然，温室効果ガスの排出を食い止める方法を思いついたとしても，これまでのわれわれの活動，そして祖先たちの活動によって既に大気に放出された温室効果ガスが，今後何百年ものあいだ地球の気候に作用し続けるのだ。われわれは気候変動の規模を軽減できたとしても，気候変動そのものを食い止めることはできない。

第4章　エネルギーと環境の危機

　今後数十年で日本が受けると予想される被害についての研究もある。それによると，各地で降雨量が増えると予測され，西日本に至っては，降水量が20％以上増加する可能性がある。その結果，洪水や地滑りなどの自然災害が増えるだろう。また，台風や熱波も増え，現在以上に湿度も高くなる。日本の主要都市は湾岸部に集中しており，東京や大阪などの都市のうち2,400平方キロメートルほども水没し，約400万人が住居を失う可能性がある。そのうえ，温度帯の変化といった地球温暖化の影響により，米の収穫が40％減少すると見られている。これは，そもそも食料自給率がカロリー換算で40％程度しかない日本にとってかなりの凶報だ[2]。

　世界のメディアは，アジア全域，アフリカ及び太平洋諸島で予測されている，衝撃的なほど大規模な損害についても報じた。また，この報告書を作成するにあたって政治的な駆け引きが多く，とくに警告をトーンダウンさせようとする圧力があったことも指摘した。

　IPCCの報告書は，リスクの評価においておそらく楽観的といえるだろう。その理由は，報告書の作成プロセスに政治の手が入っているからだけではない。仮に政治の干渉がなかったとしても，IPCCの報告書は，地球温暖化の進行度や氷床の融解，「臨界点」などに関する最新の研究成果を反映していない。そのような例として，南極周辺の南極海が二酸化炭素を吸収する力を失っているという研究がある。南極海は，産業革命以降，排出され続けた二酸化炭素の約15％を吸収してきた。だが，地球温暖化とオゾン層の破壊により風が強まり，深海の水が攪拌され，二酸化炭素吸収を妨げているという。予測では，地球温暖化のこうした影響は，あと40年ほど現れないはずだった[3]。

　密接に絡み合うこの現代のエネルギー及び温暖化の危難は，地球の平和と繁栄に対する今世紀最大の脅威としてここ数年のうちに明らかになり，なお拡大

---

2)　2002年の調査によれば，フランスの自給率は130％，ドイツは91％，英国は74％，米国は119％である（出典：NHKデータマップ：http://www.nhk.or.jp/datamap/11-1.html）。

3)　Le Quere et al. [2007] 参照。

を続けている。2006年になると，この問題にどう対処するかという議論が先進国の政治の中心をなすようになった。ＥＵ（欧州連合）や北米，オセアニアの各国で07年から08年にかけておこなわれる選挙では，気候とエネルギーが重要課題となっている。2007年11月に，前例のないほどの厳しい干ばつが襲ったオーストラリアの「全世界最初の気候変動選挙」における労働党の勝利によって政権交代が起き，それは他の先進国にも波紋を広げている[4]。泥沼化の一途をたどるイラク問題が政策論争を支配している米国ですら，環境・エネルギー革命に関するキャンペーン活動は増大している[5]。過去に例を見ない早いタイミングで始まり，激しい争いを見せた米国の2008年大統領選挙においても，気候変動とエネルギー安全保障が重要な争点となった[6]。つまり，先進国におけるどの主要政党にとっても，競争力をもつためには，環境を保護し安定した持続可能なエネルギー源を開発することに焦点をあてた公約が必要なのである。それは，社会主義の左派から市場原理主義の右派まで，あらゆる政党にあてはまることだ。かつて課税に反対し，サッチャー的な新保守主義を標榜していた英国の保守党でさえ，旅客機利用者に対する環境税を提案していることを考えると，いかに世界で大転換が起きているかがわかる[7]。しかし，日本の選挙公約をめぐる議論では，化石燃料への依存と，その結果である気候変動がもたらす数々の危険性について，ほとんど論争の焦点となっていない。

　また，ビジネス界の権威ピーター・ドラッカー（Peter Drucker）は何年も前から，世界的に戦後の産業システムから知識経済が出現している，と指摘している[8]。この知識経済（「ニューエコノミー」とも呼ばれる）の台頭により，多く

---

4) Curry [2007] 参照。
5) 連邦上院議員ヒラリー・クリントン（Hillary R. Clinton）は500億米ドル規模の「戦略的なエネルギーファンド」法案を上院に提出し，大統領予備選挙でもエネルギー問題を重視した。
6) Moser [2007] 参照。
7) Economist [2007]。
8) ドラッカー（Peter F. Drucker）が1968年に初めて「知識経済」という言葉を利用した（Drucker [1969]）。日本のケースについては神野 [2002] 参照。

第4章　エネルギーと環境の危機

の労働者は知的刺激に満ち高収入かつ環境を損なわない仕事に就く可能性があるが，同時に，勝者と敗者の格差をいっそう悪化させるリスクも高い。どちらに転ぶかは，われわれの判断にゆだねられている。エネルギー資源や環境の問題と同様，この知識経済は今後採用される政策が形づくることになるのだ。

　エネルギー，環境，経済面において問題が山積しているなか，日本は，都市と地方の経済を成長させる新たな手段と焦点を見出さなければならない。地域の再生は，現在主流となっている不毛な観光客争奪戦を超えていくべきである。日本は知識経済の包括的なプロジェクトに着手し，しかもそれを成功させる必要がある。さもなければ，経済の衰退と政治的不安定を招くかもしれない。しかも，高齢化に対処するために社会保障の負担が増える中，労働者の将来への期待が減退し続けるようなら，政治的不安定が起きるのは必至である。というのも，将来の世代は，現役世代が教育支出を削減し，また地球温暖化の問題を軽視して，将来世代に対する責任を回避したと知れば，現役世代の年金や医療費を負担しなければならないことに憤るであろうことは想像に難くない[9]。

　公正な知識経済を築く国家の主なツールは，租税，支出，そして規制である。そろそろ政府叩きのゲームをやめ，これらの実行を真剣に考慮すべき時が来た。プリンストン大学のエズラ・スレイマン（Ezra Suleiman）が警告するように，公的部門を軽率に解体してしまうと，それが公正で民主的な社会を形成する能力を損なうことになる[10]。単純なスローガンで選挙を勝てると考える政治家にとって，国家を攻撃するのは魅力的な戦略であるが，その代償にも注意しなければならない[11]。繰り返しになるが，われわれが直面する危機は複合的であり，熟慮を経た建設的な改革を実現することこそが，現役世代と将来世代に対する義務といえるだろう。

9）　世代間の政治的な摩擦については，英国防衛省「グローバル戦略動向2007－2033」（DCDC 2007）参照。
10）　Suleiman [2005]。
11）　この問題は，とくに米国の租税政治に関する研究で注目されている。Hacker and Pierson [2006] 参照。

117

日本の競争力と成長見通しを高めるにあたって軸となる政策の一つとして，税制改革があげられる。所得税の一部を地方政府に移譲するという形で，既にある程度の改革がおこなわれている。しかし，ここでいいたいのは地方分権のことではない。また，選挙が間近に迫っていない時に新自由主義者が主張する消費税の増税を指しているのでもない。ここで意味するのは，「スマート・タックス」(賢明な課税) のことである。すなわち，経済的に無駄な活動を排除し，効率化と成長を刺激するために意図的に租税を用いるということだ[12]。

III　賢明な課税

　日本の常識では，租税は成長を阻み，効率化を損ねるということになっており，租税が成長をもたらすというのは経験にそぐわない考え方のようである。しかし世界では，財政上の革命が進行中である。

　財政上の革命が起きていることを示す例は多数ある。まずは，都市部でどう展開しているのかを見ていきたい。2006年にOECDが都市の競争力について発表した報告書によれば，都市部の財政状況を改善する方法の一つとして，スマート・タックス (賢明な課税) がある[13]。これは負の外部性を緩和し，正の外部性を刺激することが狙いだ。ここ20年ほど，景気刺激策としての租税導入に対する懸念があり，古い考え方のアナリストや政治家に，租税は少なければ少ないほどよいという考え方が再び植えつけられている。しかし，租税は国家が経済を形づくるうえでのテコとなるうえ，賢明な課税は負の外部性の対処にもなる[14]。したがって，こうした租税は，歳入を増やす (少なくとも直接的に) というよりも，経済的競争力を高めることを目的にしている。都市部の財政状況は，大気汚染や交通渋滞といった負の外部性の少ない地域経済と社会によって向上するのである。こうした財政上の改革は，何年もの間，世界各国の政策課

---

12)　OECD [2006a] 参照。
13)　同上参照。
14)　このポイントについてはStratos [2003] 参照。

第4章　エネルギーと環境の危機

題として取り上げられ，それらを実施する動機と意志が組み合わされるのを待っていた。2006年10月に英国財務省が出版した「スターン・レビュー（Stern Review）」が指摘するように，気候変動は歴史上の最大の市場の失敗であり，この外部性を内部化するためには課税の役割が非常に大きいといえる[15]。

賢明な課税の例の一つは，多くの都市地域にとって重大な問題となる交通渋滞を制御するために混雑税（または「コンジェスチョン・チャージ」）を導入することだ。OECD諸国の平均では，潜在的な経済産出量の約3％が，道路の渋滞がもたらす労働時間と資源の損失によって失われている[16]。渋滞が引き起こす負の外部性はこれだけにとどまらない。渋滞は排気ガスの排出も増やすため，都市住民の健康を害すばかりか，大量の温室効果ガスを生むのだ。

こうした外部性を，都市生活における冷酷な現実として受容する必要はない。2003年，ロンドン市はインナー・リング・ロードという環状線（21平方キロメートルの地域）において渋滞のピーク時に「渋滞税」を導入した[17]。この渋滞税の導入に先立ちおこなわれた調査により，英国の交通渋滞の40％がグレイター・ロンドンに集中しており，ピーク時の車輌のスピードは時速16キロ未満ということがわかった。渋滞税の制度は広く賞賛されており，その租税を支払う側の人々にさえ支持されている。というのも，それが課税対象地域での渋滞を約30％軽減することに成功したためである[18]。

ちなみに，東京都内の車輌は時速約18キロで走っているという。東京都庁は，道路を増やせば問題を解決できると主張する。しかし，たとえ道路を増やしたとしても，交通渋滞は一時的にしか緩和されないのだ[19]。ロンドンの渋滞税制度は，国際的に高い関心の的となった。そして，世界におけるロンドンのイ

---

15) Stern Review [2006]。
16) OECD [2006b]。
17) 自治体国際化協会 [2003]。
18) ロンドンのコンジェスチョン・チャージ制度についてはロンドン交通局のウェブサイトを参照のこと（http://www.cclondon.com/）。
19) 「東京再生都債」（http://www.zaimu.metro.tokyo.jp/bond/tosai_ir/ir/leaf03.pdf）を参照のこと。

メージアップにもつながった。負の外部性に対してこのような決定的な行動を起こせば，「都市のブランド化」というよい副作用もあるのだ。この概念は投資や熟練労働者，観光客などをもたらす資産としてますます注目されている。

さらに，ロンドンは最も目立つ例といえるかもしれないが，渋滞税を取り入れているのは同市だけではない。実際，ロンドンに先立って渋滞税を導入していた例はほかにもある。たとえばシンガポールは，1975年から交通量を制御するために道路利用料金を取り入れており，1998年には世界初の電子システムを開発した。初期のシステムでは料金を高く設定し，交通量を44％削減することに成功した。また，ストックホルム市は，2006年1月3日から7月31日まで渋滞税制度を試行した後，9月に国民投票で是非を問うたところ住民の支持を得たため，2007年8月より導入した。

ほかにも，ジャカルタや香港といった大都市も，渋滞税の導入を真剣に検討している。また，信じがたい話であるかもしれないが，米国でも渋滞税への支持が広まりつつある。2007年4月22日，ニューヨーク市長マイケル・ブルームバーグ（Michael Bloomberg）は，同市中心のビジネス街で乗用車を乗り入れる際に一日8ドルを課すという渋滞税の構想を提案した。州議会はまだこの件を取り上げておらず，ニューヨーク市民の間でもこの提案はあまり支持されていない。しかし，初めから支持が得られないのは当然のことだ。2003年にロンドンで道路料金制が導入されたときも，決して市民に支持されていたわけではない。こうした不人気な政策の導入には，リーダーシップの強さが問われる。次の選挙後を見据え，政治的なリスクを負い，より公正で効率的な未来へと国を導いていく意思のある政治家がなせることだ。

共和党のブルームバーグ市長は，2007年5月15日にニューヨークでおこなわれたＣ-40世界大都市気候変動サミットで，リーダーシップを発揮した。このサミットには東京都知事石原慎太郎を含む250人ほどの大都市のリーダーたちが集った。ブルームバーグは気候変動に関し，国家レベルであまりに対策がおこなわれていないため，各都市が行動を起こすことを世界は期待していると主張した。ブルームバーグは明らかに，環境問題のリーダーとしてニューヨーク

市をブランド化し，公的部門に対して起きると予想される反対論を抑えるため，政治的な支持を最大限に拡大しておくことを意図している[20]。そのため，同じ日にブルームバーグは，ニューヨーク市を「気候グループ」という国際同盟に加入させた。このグループは，カリフォルニアやニューヨークの各州，ミュンヘン再保険会社やスイス再保険会社（世界最大の再保険会社に数えられる），HSBC（世界最大の銀行の一つ），スターバックス，ブリティッシュ石油といった組織がメンバーとなっている[21]。

　この気候グループが支持する対策の一つに，「エコ税」というものがある。同グループのウェブサイトによれば，これは「環境に優しい行動を奨励するために多くの国々で使用されている」。つまり，米国を中心としたビジネス界や地方政府の同盟が，環境税を支持しているということだ。これは，「賢明な課税」が主流な対策になっていることを示している[22]。日本の政策決定者たちはこうした動きを警告と捉えるべきだろう。

Ⅳ　日本におけるタックス・ハンドルの機会

　東京都知事石原慎太郎は，1999年に初当選したあと，ロード・プライシング導入の検討について言及したが，その制度はいまだに検討中のままである[23]。

---

20) http://www.nycclimatesummit.com/を参照のこと。
21) Cardwell [2007] 参照。
22) また，他の例もある。「地球規模の気候変動に関するピューセンター」は税制改革を支持しており，センターのウェブサイトによれば「ピューセンターは，各業界の主要企業41社とともに，ビジネス環境リーダーシップ協議会（Business Environmental Leadership Council）を運営し，気候変動に関する戦略と見識の共有を進めている。これらの企業のほとんどがフォーチュン社による世界のトップ企業500社（Fortune 500）に選ばれており，総従業員数は3百万人，総年間収益は1兆6千億ドルを超えている」(http://www.pewclimate.org/about/index_jpn.cfm) のである。
23) 2001年6月に東京都ロードプライシング検討委員会により提出された報告書は，いまだに検討中とされている (http://www2.kankyo.metro.tokyo.jp/jidousya/kotsuryo-taisaku/hokoku.html)。

こうして東京は，自身を環境問題のリーダーとしてブランド化するチャンスを逃がし，ロンドンに先を越されてしまった。しかし，東京が革新的な政策を導入し，世界におけるリーダーシップの役割を勝ち取るチャンスはまだ残されている。さらに，渋滞税を通じて経済的な効率と競争力を強化し，生活の質を改善，気候変動に立ち向かう具体的なリーダーシップを示すことでいわゆる「ソフトパワー」を推進できるのは，日本国内でも東京だけではない。

　こうした租税や料金が「賢明な課税」と呼ばれるのは，経済的に生産性の高い活動を刺激し，負の外部性を生む活動を阻害することを目的としているからである。前述の通り，こうした租税や料金は，「歳入の確保」を目的としたものではない。「賢明な課税」による歳入は通常，公共交通サービスの改善に利用され，正の外部性を強化する効果がある。エネルギーがますます高価になる世界で，効率的な交通ネットワークは，コストを削減するものであり，経済的競争力のカギとなる。

　事実，世界の多くの都市は，日本の都市が既に享受している公共交通ネットワークを建設しようとしている。このことは，日本がこの利点に磨きをかければ，他都市に対する優位を保ち，競争を先導できることを示唆している。コストを削減しつつも暮らしの快適さを向上させることは，知識経済における高い生産力と競争力を確保するうえで不可欠だ。そうすると，日本の都市部は，労働者の賃金や労働環境をむしばみ，生活の質を犠牲にするのではなく，エネルギーコストを削減し，効率性をアップさせることに集中できる。

　それでは，日本の大都市以外の地域はどうすればよいのだろうか。どのような手段によって，年々競争が激化するグローバル経済において優位に立てるのか。結局のところ，教育とそれに関連するインフラへの投資がカギとなる。現在，日本の中央政府は地方大学への補助を削減しようとしているが，これは「一文惜しみの百失い」の典型例だ。中央政府は，ニューエコノミーの原動力となる教育において地方を枯渇させるのではなく，石油時代から脱却することを中心に投資をおこなうべきであろう。大学は，地方や農村部の発展において重要な役割を果たす機関である。2007年4月6日に米国のコーネル大学が開催

したイベントでも，この点が強調された[24]。ナノテクやその他のハイテクな研究開発は，ますます日本の大都市に集中するようになっている[25]。都市部と地方とのバランスをとる一つの方法は，次世代のエネルギー研究プロジェクトを列島全体に分散させることである。

それでは，あらゆることをできる限り市場に任せておいたほうがいいという新自由主義の教条はどうなるのだろうか。まず，市場は，資源を効率的に割り当てる点においては非常に有効な仕組みであるが，目標を設定したり外部性に対処したりするのに適してはいない。われわれの生活のあり方を変え続けているインターネットの開発過程における米国の例から理解されるとおり，公的部門による研究への投資は，市場の魔法を仕掛ける重要なきっかけになりうる。同じように，日本は全国中に投資を分散することによって，ポスト石油時代のニューエコノミーにおいて地方経済がエネルギー技術により発展するうえで不可欠な独創的思考やプロジェクトを育むことができる。そうすることによって，日本は大きな利益を得つつ，国際社会に目覚しい貢献をすることができるのだ。

それに，このアプローチに必要な資金は既にある。この目標を達成するために新たな租税や借り入れによる資金調達など必要なく，必要なのはリーダーシップだけである。リーダーシップがなければ，市民による圧力が必要だろう。たとえば2006年秋，当時の国土交通大臣は，ガソリン税による歳入や3.5兆円に及ぶ「道路特定財源」の一部により，二酸化炭素の排出を削減するプロジェクトの資金を調達できると提案した[26]。皮肉なことに，道路建設に流入するほ

---

24) http://cardi.cce.cornell.edu/editorstree/view/120を参照のこと。
25) 経済産業省（http://www.meti.go.jp/press/20060330006/cluster-honbun-set.pdf）及び経済産業研究所（http://www.rieti.go.jp/users/cluster-seminar/pdf/017_j.pdf）のウェブサイトを参照のこと。
26) 冬柴鐵三国土交通大臣は，具体的には以下のように言及した。「二酸化炭素をドライアイスのようにして処分する技術の開発や，CO_2を吸収する森林の保全や手入れが必要だ。日本は京都議定書でCO_2排出量の削減義務を負っている。個人的には，そういうことに使う考え方もあると思う。道路を作ることに全部使えというのは無理がある。不要な道路まで作るという批判もあった。納税者の意向を尊重しつつ，年末までに財務省と具体策を決めたい。」（読売新聞 [2007]）

かの資金と合わせるとGDPの約1％に相当し，これはスターン・レビューで気候変動を緩和するために必要であるとされた技術への投資とほぼ同規模である。もちろん，国土交通大臣が道路建設を減らすことを提案したこと自体が大いなる皮肉だ。

日本の道路建設に資金を投入する体制を見直そうという提案は長年にわたってなされてきた。だが，道路建設業者やその他の受益団体からの反対の波に遭うたび，その話は流れてしまった。このときも政府はこの提案を精査せず，道路建設財源の余剰金——もしあるならば——を一般歳入に組み込むという計画を採用した。だが，国土交通大臣の提案は，外部性の核心的な問題に注意を向けているため，復活させるべきだろう。1950年代以降，日本の道路財源体制は，交通インフラの広範囲にわたるネットワークに資金投入してきた。しかし，これまで見てきたとおり，ガソリンで動く自動車（そして化石燃料に立脚する経済）の安価さや調達しやすさといった正の外部性は，大気汚染や，政治的に不安定な石油供給者への過剰な依存といった負の外部性をはるかに下回っている。道路財源体制は，日本の国家財政のカギとなる部分である。その一部分を，こうした負の外部性に対処するために使うのは，理にかなうことだ。

また，こうした資金を，環境に優しいエネルギーを活用するための研究や試験計画に費やす動機はいくらでもある。たとえば，世界のグリーン・ビジネスは，あらゆるセクターにおいて好調を維持している。2006年10月30日号の『ビジネス2.0』誌によれば，再生可能エネルギーだけでも，2015年までに1,670億ドルの市場になると見られている。データモニター社（Datamonitor）は2007年4月19日のレポートで，「EU及び米国の20州においては，公的部門が採用している固定価格買取制度（Feed-in tariffs）や再生可能電力購入義務制度などの支援が再生可能なエネルギー投資を促進している」と報じている[27]。IPCCの2007年報告書が世界中の環境に対する認識を新たにさせている現在，それが過小評価であるのはほとんど間違いない。2007年5月8日，米国の金融コングロ

---

27) Datamonitor [2007]。

マリットであるシティグループは、この先の10年間で二酸化炭素の排出を削減し気候変動に立ち向かうため、500億ドルの投資をおこなうと発表した[28]。さらに、「倫理的な消費」と呼ばれるグリーンな消費は、英国でタバコやアルコールの消費を上回り、年間2桁の成長を記録している[29]。

こうした流れは、先進諸国を席巻しつつある。グーグルやアマゾンに先駆的な投資をおこなってきた米国のベンチャー投資家ジョン・ドーア（John Doerr）は、2006年3月、グリーン技術は「21世紀最大の経済的チャンスかもしれない」と評価している[30]。そして、本章で詳述してきた外部性について考慮するならば、グリーン市場の拡大が続くのは確実である。したがって、急激に拡大しつつあるこの市場の競争において日本が優位を保つには、現在のグリーン技術の蓄積を発展させなければならない。人口の減少、限られた人材、基礎研究への少ない投資などでは、日本は多くの分野で優位性を失う危険があるばかりか、新たな市場を開拓し、地方の経済を活性化するチャンスを逃がす危険もあるのだ。石油時代の負の外部性とはこのようなものだ。

V　米国から学べること

「議論の段階はもう終わった。科学も理解できている。危機も見えている。行動を起こすなら今だ。」[31]

カリフォルニア州知事アーノルド・シュワルツェネッガー

（Arnold Schwarzenegger）

2005年6月1日

さらに、日本のエネルギーについては、石油への依存度が50％近くあり、石油の90％弱が中東から輸入されていることを思い起こすべきだろう。一方で米

---

28) http://www.citigroup.com/citigroup/press/2007/070508a.htmを参照のこと。
29) Cooperative Bank [2006]。
30) Chea [2007]。
31) http://www.sustainablesiliconvalley.org/docs/news-06-01-05-arnold_speech.htmを参照のこと。

国は，エネルギーミックスにおける石油の占有率が日本ほど高くなく，石油輸入のうち中東からの輸入はわずか22％だ。それでも，米国は中東やその他の産油国の不安定さを見て，なるべく依存度を引き下げたいと考えている。したがって，地球温暖化と共に米国の政治で中心的な課題となっているのは，エネルギーの自給である。代替エネルギーに投入される資金は，急激に増加している。そして，その大半が地方の経済発展を促している。

　まず，エネルギーや環境の問題においていかにジョージ・ブッシュ（George W. Bush）政権の市場原理主義型のアプローチが米国における政治の主流から孤立しているか，認識することが必要である。こうした問題に対し積極的に行動する姿勢は，全米中に広がりつつある。たとえば，『ニューズウィーク』誌の2007年4月16日号によれば，ブッシュ政権が明確な行動を起こしていないため，国家と都市のレベルで成し遂げられていることが目立たなくなっているという。たとえば，435人の市長が，ブッシュ政権が離脱し，後に骨抜きにしようとした京都議定書の目標達成を誓っている。2005年6月1日（世界環境デー）には，カリフォルニア州知事アーノルド・シュワルツェネッガーが，行政命令S－3－05に署名し，二酸化炭素の排出量を2050年までに1990年のレベルから80％削減するという長期的目標を設定した。全米の都市の中でも，サンフランシスコ市はとくに積極的で，欧州諸国がその政策を学びに代表団を送り込むほどである。サンフランシスコ市環境局長によれば，デンマーク，アイルランド，そしてフランスの環境大臣が2007年初めに訪れたという。彼らは，国家レベルの堅調なエネルギー政策を地方のプログラムで強化する方法をサンフランシスコ市で学ぼうとした。

　こうした行動は，負の外部性と闘おうという欲求だけに駆られているわけではなく，地域発展という目的もある。カリフォルニア州でシュワルツェネッガー知事がとったイニシアチブは，2020年までに州の収入を40億ドル増やし，8万3,000人の雇用を創出すると見られている[32]。また，『アメリカン・プロス

---

32) California Climate Change Center [2006] 参照。

ペクト』誌の2007年1月・2月号が指摘したところによると，2001年11月の米国の「再生可能エネルギー政策プロジェクト」による研究によれば，米国の電力の10％を再生可能エネルギーで生産するだけで，新たに40万人近くの雇用が生まれるという。この研究によれば，バイオマス，太陽光，風力，地熱といったエネルギーのプロジェクトは，「米国ですでに11万5,000人以上の雇用を直接的に生み出している[33]。」こうした新しい雇用は，石炭や石油産業における雇用の喪失を充分に補うものだ。そして，クリーンなエネルギーが汚染を生むエネルギーにとってかわる。また，この記事は，再生可能エネルギーの「ポートフォリオ基準」の役割を明らかにした。この基準は，「一年間にエネルギー総生産量のうち特定の割合のエネルギーを再生可能資源から生産すること」を規定している。ブッシュ政権下では，米国連邦政府はもちろんこうした基準を採用していない。ところが，同国の23州は既にポートフォリオ基準を導入しており，こうした規則は既に将来の再生可能エネルギーの需要を保証し，コストを下げている。

　2007年5月の『エレクトリシティ・ジャーナル』誌は，米国でこうした基準が国家レベルで導入された場合，どれほどの利益が生ずるかについて特集を組んだ。しかもこれは，2009年1月にブッシュが公職を退けばほとんど確実に起きると予測される。「国家の再生可能エネルギー・ポートフォリオ基準の予測される効果」と題された記事は，こうした基準を導入した場合の影響に関する詳しい研究成果について伝えている。それによると，エネルギー総生産量の20％を再生可能エネルギーによって生産すれば，主なエネルギー源をさらなる競争にさらすことになるので，年間1.8％のコスト削減が見込めるという。また，同じ研究により，2020年までに16万人弱の雇用が増加し（化石燃料の2倍近く），ＧＤＰが102億ドル増大することも判明した。さらに，この記事は「再生可能エネルギー施設によって，ほかの州，地域，国から燃料を輸入するために資金が流出することを回避できる。地域経済で金を回らせ，地域の雇用をさら

---

[33] http://www.crest.org/index.htmlを参照のこと。

に創出できる」と強調し，気候上及び地政学上のリスクもそれに応じて緩和できると強く主張している[34]。

「エネルギー総生産量の20％」という目標は，決して無謀な高望みの数値ではない。ドイツは既に，2020年までに26％のエネルギーを再生可能資源で生産するという目標を設定している。それに，米国再生可能エネルギー委員会が発表した2007年の見通しによれば，とくに連邦政府の再生可能エネルギーへの支援がより強力になれば，2025年までに米国の電力の半分と輸送燃料の40％を供給できるようになるかもしれない。そのうち，風力は40％，太陽光が26％，地熱が16％，バイオマスが16％，水力，潮力，波力（まとめて「水力」）が3.6％となる[35]。

これに対し，米国連邦政府と石油業界は，再生可能エネルギーは2030年までにエネルギー使用量のわずか5～10％しか供給できないと主張している。この主張は，連邦政府の政策が今後も変わらないという前提に立脚している。しかし，これまでにも見てきたとおり，米国ではブッシュとその取り巻き以外のほとんどの人が，現在の連邦政府のエネルギーと環境の政策は持続不可能であり，2009年1月になれば徹底的に見直されると理解している。米国会計検査院は，2006年12月20日の報告書で再生可能エネルギー改革案の概要を提示した。同検査院は，「1978年から2005年にかけて，連邦政府のエネルギー研究開発への資金が85％以上（実質）減少した」と警告を発している。基礎研究に資金を増やすことは，再生可能エネルギーの開発と採用を最大限にするためには不可欠だ。たとえば，米国で影響力を増しつつあるアポロ同盟（ビジネス，環境，労働関係の団体が構成する組織）の主張によれば，連邦政府が年間300億ドルの資金を10年間提供し続ければ，300万人の新たな雇用が生まれるという[36]。

また，同検査院の報告書によれば，こうした研究への資金提供から最大限の成果を引き出すには，新たなルールを導入しなければならない。「多くの国家

---

34) Clemmer et al. [2007] 及び Grace et al. [2007] 参照のこと。
35) ACORE [2007]。
36) http://www.apolloalliance.org/docUploads/ApolloReport.pdfを参照のこと。

第 4 章　エネルギーと環境の危機

は，再生可能エネルギー技術の展開を刺激するのに成功している。それはたとえば，電力会社が小規模の生産者に送電系統へのアクセスを提供し，余剰のエネルギーを購入するといったことを奨励する基準，義務付け，または金銭的誘因などを用いていることである」。またＧＡＯは，そういった義務付けや金銭的誘因を用いているブラジル，デンマーク，ドイツ，日本，スペイン，フランスなどのプログラムを調査し，「先進的なエネルギー技術が，大量のエネルギーをすでに提供しているか，将来的に提供すると予測されている」ことがわかったと結論づけている[37]。

　米国のエネルギーや環境の問題への対応について，日本の政治やメディアの目に入っているのは，バイオ燃料のブームと，規制導入などよりもボランティア精神を重視するブッシュの姿勢だ。しかし，バイオ燃料への異常な傾倒は，持続可能なエネルギーへの持続不可能なアプローチというほかない。米国の農家は，ワシントンの政治家と緊密な関係にあり，トウモロコシから造るエタノールへの補助金は豊富だ。たとえば，2007年1月，ブッシュ政権はエタノール生産のために20億ドルの融資保証を発表した。こうした巨額な補助金の与える影響は途方もないものである。米国農務省の統計によれば，2007年には第二次世界大戦以来最大のトウモロコシ収穫量が得られると予測されるという。これは，2006年に比べて15％以上の増加になる。だが，米国のトウモロコシ収穫量は既に，世界の収穫量の40％，トウモロコシ輸出の70％，世界の穀物輸出の4分の1を占めている。米国の穀物の総収穫量（つまり，トウモロコシだけではなくすべての穀物）を費やしてエネルギーを生産しても，米国の現在のガソリン消費量の16％ほどしか代替することができない。このような中で，需要を満たせるほど農業生産量を拡大する方法はないのだ[38]。

　バイオ燃料としてのトウモロコシへの需要の高まりが，食糧価格を押し上げているが，こうした傾向は憂慮すべきだろう。2005年3月から2007年3月の間で，米国の小麦価格は34％，トウモロコシ価格は47.4％，大麦価格は59.4％，

---

37)　http://www.gao.gov/new.items/d07106.pdfを参照のこと。
38)　Brown [2007]。

畜牛価格は41％も上昇した。国際通貨基金（IMF）は，2007年1月の「世界の経済見通し」でこう警告を発した。「バイオ燃料の需要の高まりは，トウモロコシや大豆油の価格をさらに上げ，原油価格と似たような動きを見せるだろう」。さらに，こうした価格上昇は，食料価格全般を引き上げるだろう。というのも，トウモロコシや大豆ミールは供給原料だからだ（実際，米国の家畜飼料の95％を占める）。IMFは，このような傾向は持続不可能であり，急速な開発と第2世代の代替物の使用が必要であるうえ，さまざまな改革を要すると主張している[39]。

こうした投機的な熱狂は，石油時代の負の外部性の一つとなりつつあり，警戒すべきことだ。それは同時に，米国が石油（少なくとも輸入した石油）からなるべく脱却しようと準備を進めているという隠れた事実を示す明白な証拠だ。米国でさえも，石油時代のレッセフェールの言辞や政策を放棄しており，日本もそろそろ気づくべきだろう。また，ブッシュから視線を移し，米国全体を見れば，地域の経済発展のためにエネルギー節約や代替エネルギーを追求していることがわかるはずだ。

Ⅵ　ヨーロッパが世界をリードする

「ヨーロッパは，低炭素の経済発展という新たな革命，いわばポスト産業革命に世界を導かなければならない。」[40]

欧州委員会委員長ホセ・マヌエル・バロゾ（José Manuel Barroso）

2007年1月10日

米国の例に関していえば，ブッシュ政権が連邦政府の権力を握っていても，実際には多くの対策がなされていることを見てきた。風通しが悪く，注意をそらせるようなブッシュ政権の政策の影響が薄れれば，環境やエネルギーの技術

---

39) IMF [2007:44] 参照。
40) http://ec.europa.eu/commission_barroso/president/pdf/speaking_points_20070110_en.pdfを参照のこと。

における米国の競争力が反動的に急上昇することを，日本は覚悟しておくべきだ。ドイツの例も，日本にとって米国と同様な教訓になるだろう。それは，石油時代の負の外部性と闘うために中央政府は何ができるかを示す好例だからだ。既述の通り，ドイツは，2020年までに再生可能資源によりエネルギーの26％を調達するという目標を設定している。ドイツは，こうした目標を地域経済発展に生かしているのだ。ドイツでの再生可能エネルギー部門の雇用は，2005年の19万人から2006年には21万4,000人へと拡大している[41]。また，ドイツ環境省やその他の機関による調査によれば，2020年にはその雇用を50万人にまで拡大できると予測している[42]。

　ドイツの成功で一つのカギとなったのは，1990年の再生可能エネルギー法である。これにより，ドイツは太陽光やその他の再生可能エネルギーの産業を意図的に育成した。この法律は，公益事業会社が，化石燃料から生産した電力よりも高価格だったにもかかわらず，太陽光やその他の再生可能エネルギーの発電所から電力を購入することを義務づけていた。太陽光に関していえば，この法律は，安定し，かつ実入りのよい市場をもたらした。だが，毎年公益事業が支払う料金が減っていくので，エネルギー生産者にとっては生産コストを削減し，技術的な効率を上げる動機となる。また，奨励金付きローンの制度が，個人による太陽光発電設備の購入を促進した。こうした支援により，ドイツの太陽光発電は，2007年に5万人以上の雇用をもたらす産業へと成長した。また，2006年には，ドイツの太陽光設備容量は3.4ギガワットに及び，ＥＵ全体の約3分の1を占めるに至った。これは日本の約4倍に相当する。

　米国と同じく，ドイツの例は，地方経済が低迷している日本にとって地域発展に関する重要な教訓を提示している。東西統一後，旧東ドイツの州は高い失業率やその他の深刻な経済問題を抱え込んでいたために，ドイツ政府は太陽光

---

41) Sandu [2007].
42) Bundesverband Windenergie e.V.（ドイツ風力産業全国連合会）が発表している職についてのレポートを参照のこと（http://www.wind-energie.de/de/themen/wirtschaftsfaktor/）。

開発の政策によって旧東ドイツの州の成長を促すという明確な目的をもっていた。それに応え、地方政府はそのチャンスをフルに活用した。このチャンスを最も有効に活用したのが、人口わずか21万4,000人というフライブルク市である。この産業を強力に支援することにより、フライブルク市はドイツの太陽光ビジネスの中心地となった。同市は、ヨーロッパの「エコ・シティ」として急速に台頭、「持続可能性をめざす自治体協議会」[43]のヨーロッパ支部が置かれている。また、3万人の会員をもつ太陽エネルギー学会の本部もあり[44]、さまざまな太陽光関連の研究機関も多数擁している。2006年6月12日のプラッツ再生可能エネルギー報告書によれば、その他の旧東ドイツの地域政府も、この産業における地域の集団化やネットワークを推進し、大きな利益を得ている。

またドイツでは、風力がさらに大きなサクセス・ストーリーとなっている。2007年、風力セクターは7万人の直接的な雇用を生んだ。そして、控えめに見積もっても、2020年までには11万2,000人の雇用をもたらすと推測されている[45]。2007年3月26日に発表されたデンマークのコンサルティング会社ＢＴＭコンサルトによる「ワールド・マーケット・アップデート2006」という市況の年次報告によれば、風力エネルギービジネスは過去1年で30％も成長したという[46]。しかも、その成長の大半は、「供給の確保と気候変動の問題を最優先課題として掲げる各国の政府」に起因するという。気候に関するリスクだけでなく、ヨーロッパでは、ガスの供給においてロシアに依存していることへの懸念がある。これは日本にも警告となるはずだ。さらに、成長の中心となるのは米国、中国、インド、ヨーロッパであり、2016年まで2桁の成長が予測されている。唯一の懸念は、膨れ上がる需要を満たす能力があるかどうかだ。そして、世界最大の風力輸出国であるドイツは、風力技術や部品の約70％を輸出してい

---

43) http://www.iclei-europe.org/を参照のこと。
44) http://www.ises.org/を参照のこと。
45) http://www.wind-energie.de/de/themen/wirtschaftsfaktor/arbeitsplaetze/を参照のこと。
46) BTM Consult [2007] を参照のこと。

る。

　つまり，再生可能エネルギーをめぐり世界的なブームが起きているといえる。しかし，市場をリードするために国際的な競争が起きているのもまた事実である。「再生可能エネルギーのための雑誌」と銘打った『ニュー・エネルギー』誌の2007年2月号は，風力の市場は爆発的に伸びているが，ドイツとデンマークの支配は揺らいでいると指摘している。米国だけでなく，中国でも風力市場が躍進しているという。同誌によれば，中国では，「あらゆる地域や都市で，いくつかのメーカーやサプライヤーが近隣に集結する例が増えている。著名な企業だけでなく，新規に参入する企業も出現し，ヨーロッパで開発した機械を用いて国内の安価な賃金で生産し，中国から世界中に輸出するだろう」。ヨーロッパの課題は，「世界の労働市場の鞘取り」の罠に陥り勢いを失ってしまうのを避けるため，技術的な優位性を維持し，さらに拡大していくことである[47]。

　2007年5月7日のシンガポールの『ビジネス・タイムズ』も，アジアの展望について以下のように評している。シンガポールの国立研究基金議長は，クリーン・エネルギー，とくに太陽光発電は，シンガポールの成長の大きな機動力になりうると主張する。つまり，「シンガポールは仲介者になれる。ヨーロッパは技術を提供するが，需要はアジアにある。」アジアには電力なしに生活する人口が約10億人いる（全世界では16億人）。シンガポールの支配層は，これを巨大な市場のチャンスだと見ているのだ。生産コストと市場コストが下がり，化石燃料の負の外部性が増えている中，太陽光発電を提供することは彼らにとり，非常に現実的な選択肢といえるだろう。さらに，太陽光発電の装置は，化石燃料や原子力の巨大な発電所や複雑な送電系統より運搬しやすいというメリットもある。

　シンガポールは，自国で，ヨーロッパのエネルギー技術を試し，アジアの気候やその他の特徴に適合させる役割を担うことを計画している。このような動きはまた，中国や韓国からの競争が増していることにより，いっそう加速して

---

47)　May and Weinhold [2007]。

いる。ところが，シンガポールは，日本については競争相手としても技術の提供者としても言及すらしていないのである。

さらに，中国について見ておくことも重要だろう。これまで見てきただけでも，中国も再生可能エネルギーの産業に参入しているのは明らかだ。2007年5月12日のシンガポールの『ビジネス・タイムズ』紙によれば，中国は再生可能エネルギーをできるだけ早く，できるだけ多く開発したいと表明している。2005年，世界各地で再生可能エネルギーに380億ドルが費やされたが，中国は60億ドルという最高額の投資をしている。また，米国の再生可能エネルギー研究所（NREL）はこう指摘している。「中国は長らく，再生可能エネルギーの開発と利用において世界的なリーダーであり続けた。特に，小さな水力発電や太陽熱温水器，バイオガス発電装置，小さな風力タービンといった，小規模な再生可能エネルギー技術においてである」。また，NRELはこうつけ加える。「中国は，太陽光を直接電力に変換する光起電力技術など，高度技術の再生可能エネルギーにおいて世界を先導する立場になりつつある。また，実用規模の風力，バイオ発電，バイオ燃料といったほかのセクターでも大きく成長しようとしている」[48]。

現在起きている大転換を認識するため，風力や潮力のエネルギー市場が，次なる持続可能な再生可能エネルギーのブーム（持続不可能なトウモロコシとバイオ燃料とは対照的に）になりつつあることを考えてみよう。波力や潮力エネルギーの潜在力は絶大であるが，石油時代にはあまり利用されてこなかった。だがこ数年で，安定性の高い波力や潮力を電力やその他の方法に使用する技術において，飛躍的な進歩が見られる。その結果，2007年5月20日の『インディペンデント』紙によれば，英国政府は海洋エネルギーの割合を5％にするという目標を掲げている[49]。英国は，海洋エネルギー技術においては世界のリーダーである。しかし，それでも，強力な競争相手はいる。2007年5月17日，オーストラリアのＡＢＣニュースによれば，波力から加圧水を生産する同国の海洋技術

---

48) NREL [2007] を参照のこと。
49) Lean and Webb [2007]。

は，国内の主要都市に電力と飲用水を供給する「聖杯」となるかもしれないと，オーストラリアの産業・観光・資源相は発言している[50]。オーストラリアには，このような動きを進める強い動機がある。この1年で，同国は地球温暖化により最大の被害を受ける国の一つであるという事実に気づかされたのである。多数の不吉な問題の一つに，長期化する日照りによる水不足がある。水を飲用水として用いるか，国内農業の40％のために灌漑水を供給するかという選択肢に迫られることになるのだ。

Ⅶ　そして日本はどうすべきか？

「どんな国でも，[再生可能エネルギーにおいて]大きな潜在力を持っている。風が吹かなかったり日が照らなかったりする国など聞いたことがない。」[51]

　　　　　　　　　　　欧州議会副議長メヒティルト・ロッセ（Mechtild Rothe）
　　　　　　　　　　　　　　2007年5月8日，欧州風力エネルギー会議

既述のとおり，ブッシュ政権の驚くべき無能さと頑固さのおかげで，日本にはスポットライトが当たってこなかった。一部の観測筋は，石油から再生エネルギーに切り替える競争において，日本が先頭集団にいるとさえ考えている。しかし，これほど石油時代から脱出すべき動機があるにもかかわらず，日本は，この時代から抜け出し，それにともなう利益を享受することに成功していない。石油の市場コストだけでも充分な動機になるはずである。日本の石油連盟のデータによると，2006年に日本が石油輸入に費やした金額は14兆3,450億円にのぼり，これは輸入総額の21.3％に相当する[52]。これを10％でも削減できれば，非常な違いがあるはずである。そのうえ，化石燃料や環境や地政学上のリスクがもたらすコストを加味すれば，驚くべき額になる。日本にとって石油時代か

---

50) http://www.abc.net.au/news/newsitems/200705/s1925888.htmを参照のこと。
51) http://www.renewableenergyaccess.com/rea/news/story?id=48410を参照のこと。
52) http://www.paj.gr.jp/statis/statis.htmlを参照のこと。

図4-1　自然エネルギー導入目標の国際比較

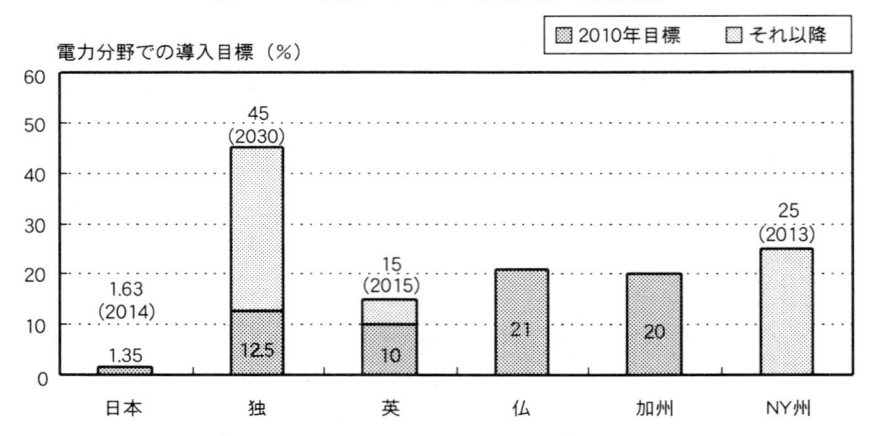

電力分野での導入目標（％）

凡例：2010年目標／それ以降

- 日本：1.35（2010年目標）、1.63（2014）
- 独：12.5（2010年目標）、45（2030）
- 英：10（2010年目標）、15（2015）
- 仏：21
- 加州：20
- NY州：25（2013）

注：1）各国・各地域の全発電量に占める自然エネルギーの導入目標。カッコ内は目標年。
　　2）加州はカリフォルニア州、ＮＹ州はニューヨーク州。
　　3）目標設定時点で導入済の再生可能エネルギー割合も含む。
資料：岡田［2007］、37ページの図2を一部修正した。

ら抜け出すことは、ブッシュの背後で急速にグリーン化している米国と、少なくとも同程度に価値のあることだろう。地域経済の競争力の強化や雇用促進といった波及効果を考えれば、当然採用すべき戦略のように思える。図4-1に示されているように、日本政府は、2014年までに電力供給量の1.63％を再生可能資源で生産する、という他の国や地域に比べて非常に低い目標を設定している。これは、2020年までに20％を達成するという拘束力のある目標を設定したＥＵとは大きな違いである。それに、カリフォルニア州では2010年までに20％を達成するという、さらに厳しい条件を設定しているのだ。

このような状況に陥っている理由として、日本では政治的な障害が多いことがあげられる。日本経団連など財界の砦に代表されるオールド・エコノミーの勢力は、自主的な措置以外はすべて拒否している。つまり、電力に関していえば、電力会社は、再生可能資源から生産されたエネルギーの購入を強制されることを望まない。彼らにとって関心があるのは自社の利益だけであり、政界も

彼らの視野を広げるように働きかけていない。このように，再生可能エネルギーによる電力は，化石燃料や原子力に比べ高価すぎ，当てにならないと日本の支配者層は考えている[53]。

　ここに驚くべき実例がある。2007年4月16日の『日本経済新聞』によれば，日本の総合商社は，国内のプロジェクトよりも，海外の再生可能エネルギーに投資しているのだ。その商社の広報担当者によれば，国内には風の強い所や，地熱有望地域が少ないのだという。このような批判精神を欠く考え方には驚くばかりである。日本の再生可能エネルギー使用量は非常に少ないが，日本は，英国やドイツを含むヨーロッパのほとんどの国々よりも国土の面積は大きく，熱エネルギーの資源は豊富であり，風もありあまるほど吹いている[54]。再生可能資源の供給が不安定だというのであれば，欧州諸国やその他の国がここまで再生可能エネルギーへの依存度を高めることができたのはなぜか，そして今後もその依存度を大幅に上げていこうとしているのはなぜか，論理的な説明はできない。他の国がおかしいのか，それとも日本の財界や政界が世界から孤立しているのか，その答えは明らかだろう。

　もう一つ，日本の政治的意志の弱さを示す明白な例をあげておく。日本は，電力会社が再生可能資源から生産した電力を購入することを義務づけていないが，2005年までは太陽光エネルギーの助成プログラムにおいてかなりの成功をおさめていた。このプログラムについて，前述の米国会計検査院による報告書が言及している。この助成が主な原因となり，日本は2000年代初頭に太陽光エネルギー技術において世界のリーダーとなった。しかも，この技術は，人類の一年分のエネルギー需要を毎分提供できるエネルギー源を利用している。だが，助成プログラムの終了とともに，日本はドイツと中国にシェアを奪われてしまった。この助成プログラムが延長されなかったのに対して，道路建設への無駄な助成は守られている。道路特定財源の暫定税率を10年間延長するのに合わ

---

53) 日本経団連のエネルギー・環境政策について，http://www.keidanren.or.jp/japanese/policy/index07.htmlを参照のこと。

54) 金原［1999］参照。

せて，揮発油税と石油ガス税を道路整備に充当する期間も2007年度から10年間延長することを盛り込んだ「道路整備費の財源等の特例に関する法律」の改正案が2008年1月23日に閣議決定された[55]。明らかに，財政上の優先順位を考え直す必要があるだろう。

日本の潜在力は，太陽光だけでなく風力エネルギーにもある。世界の風力エネルギー市場において日本は10位だが，本来であればもっと高い順位につけているべきなのだ。岩手県の葛巻町は，町内のエネルギーの80％を再生可能資源から生産している[56]。さらに，環境経済学と財政学の専門家である京都大学の植田和弘教授は，2007年5月20日の日経新聞で「日本は資源小国だが，太陽光，バイオマス，風力，小水力，地熱，雪など地域エネルギー資源は豊富である」と述べている。つまり，オールド・エコノミーの支配層は，現実的な選択肢は化石燃料と原子力しかないと確信しているものの，地熱，波力，潮力，バイオマスなどによって，はるかに大きなエネルギー生産が可能なのだ。

日本ではバイオマスの研究開発が積極的におこなわれているとしばしば報道されているが，実際は米国やヨーロッパと同程度でしかない。これは，科学技術振興機構の研究開発戦略センターが2006年に発表した，第三世代バイオマス技術に関する報告書からも明らかである[57]。政策的に充分な支援をおこなわなければ，日本はここでもチャンスを失う恐れがある。こうした代替エネルギー源を育てていけば，燃料の輸入のコストを抑え，石油時代の負の外部性を軽減することができるのだ。それに，波及効果も大きく，地方での雇用の促進や収入増が期待できるほか，海外の研究者を日本に呼び寄せるなど，大きなメリットがあるだろう。ニューエコノミーに不可欠な技術において日本がリードを奪うこと，もしくはリードを維持することに失敗するとすれば，それは政策上の

---

55) 国土交通省のウェブサイトを参照のこと（http://www.mlit.go.jp/kisha/kisha08/06/060123_.html）。
56) http://www.town.kuzumaki.iwate.jp/を参照のこと。葛巻町については前田[2006]参照。
57) 科学技術振興機構［2006］参照。

第4章 エネルギーと環境の危機

失敗であり，地形のような操作できない要因が問題なのではない。

　もちろん，日本はエネルギー研究開発に大規模な助成金を投入している。具体例をあげると，二酸化炭素の「封じ込め」技術の開発には，かなりの資金が投入されている。この技術は，理論的には，石炭の燃焼により発生する二酸化炭素を地下などに貯蓄するというものだ。既に夕張市や長岡市で小規模なプロジェクトが進行中である[58]。しかし，比較的楽観的なIPCCでさえも，こうした技術の導入は実現から程遠いと見做している。それに，この技術に期待をかけて何百という石炭を燃料とする工場が建てられれば，大気中に大量の二酸化炭素が排出されかねないという大きなリスクがある。米国エネルギー情報局が2007年5月21日に発表した「世界のエネルギー展望2007」によれば，世界のエネルギーにおいて石炭が占める割合は2004年の26％から2030年には28％に増えると予測される。2010年までに，石炭から排出される二酸化炭素は，石油時代の消費によって排出された二酸化炭素の量を超えると見られている。つまり，石油時代から前進するどころか，後戻りしてしまう可能性もあるのだ[59]。

　さらに，日本のエネルギー研究開発の大半が，原子力エネルギーの研究に充てられている。国際エネルギー機関が2006年に発表した「ＩＥＡ諸国のエネルギー政策2004レビュー」によれば，日本のエネルギー研究開発の予算のうち，64％が原子力に投入されたという。日本の中央政府と保守派は，化石燃料への依存度を低下させ，二酸化炭素排出量を削減するには，原子力しか現実的な選択肢はないと考えているようだ。しかも，原子力発電所等の輸出を大きな産業に育てようとしているのだ[60]。

　しかし，IPCCのシナリオでも，原子力エネルギーは，せいぜい小さな役割しか想定されていない。現在，原子力エネルギーは総発電量の16％を占めているが，IPCCのシナリオでは2030年に約18％までしか増加しない。IPCCがこ

---

[58] ＮＨＫ教育テレビ「サイエンスZERO［第64回］二酸化炭素を封じ込めろ」(2004年12月18日放送）を参照のこと(http://www.nhk.or.jp/zero/contents/dsp64.html)。
[59] Energy Information Administration [2007]．
[60] 日本政府の原子力政策については，資源エネルギー庁のウェブサイトを参照のこと (http://www.enecho.meti.go.jp/policy/nuclear/pptfiles/zenntai.pdf)。

のように想定しているのは「安全保障，核兵器拡散，核廃棄物といった制約がある」ためである。信頼度において定評のある米国の外交問題評議会も，IPCCと同意見である。2007年4月の報告書で同評議会はこう述べている。「原子力エネルギーは，気候変動の弊害に対処したりエネルギー安全保障を強化したりするうえで，将来大きな役割を果たすとは考えられない」。同報告書はまた，原子力エネルギーが重要な役割を果たすには，発電所を急速に増やすしかないと議論している。しかし，それは容認しがたいリスクを孕んでいる。「原子力産業が急速に拡大しなければならないとすれば，いったいどうやって原子炉用の材料を比較的安価に調達し，充分な訓練を受けた技術者を確保し，厳密な安全対策を講じるのだろうか，という深刻な懸念を引き起こすだろう」[61]。

それに加えて，原子力発電所を建設する巨大なコストと長い準備期間も深刻なハードルとなっている。日本の原子力産業は，安全面で優秀な実績を誇ってはおらず，安全性の問題で常に批判を受けている。新たな発電所を設置すれば，深刻な政治的問題に発展するのはほとんど確実だろう。

このような理由から，日本は投資対象の優先順位を考え直さなければならないようだ。原子力と石油・石炭に依存する利益集団は，永田町や霞ヶ関から強力なバックアップを受けている。しかし，そういった集団による財政的援助やその他の支援の独占はストップしなければならない。

Ⅷ　炭素税の導入について

「必要とされているのは炭素税だ。つまり，化石燃料による社会的，政治的，環境的コストを反映させた租税を，化石燃料の使用の際に課すことである。」[62]

カリフォルニア大学バークレー校教授（元米国連邦労働長官）

ロバート・ライシュ（Robert Reich），2007年2月7日

---

61) Ferguson [2007] 参照。
62) http://www.carbontax.org/who-supports/を参照のこと。

このようにエネルギー転換の面で出遅れている日本を石油時代からニューエコノミーへと移行させる最大の刺激となるのは、炭素税の導入かもしれない。炭素税において日本のリーダーシップは不可欠であり、しかも莫大な収益を上げる可能性がある。さらに、日本がこの租税を導入するには、あとわずかな動機、とくに政治的な動機を必要とするだけなのである。炭素税は長年検討されてきた議題であり、2000年初頭、石原東京都知事が渋滞税を断念していた頃、政府税制調査会が環境税の導入を検討しようとしていた。税制調査会は、日本の環境税がヨーロッパに比べて非常に低いことを懸念し、2000年7月の中期答申において「汚染者負担原則」を強調して、環境税導入を積極的に検討する態度を示した。しかし、それが実現することはなかった。税制調査会と環境省により環境税を導入する試みが繰り返しなされたが、そのたびに延期されてしまった。現在は、環境税による歳入を、大気中の二酸化炭素を吸収するための植林事業といった環境プロジェクトに投入し、グリーン技術の購入を促進するために用いるという案が提案されている。

炭素税導入の問題は、地球温暖化の議論につきものである。なぜなら炭素税は、二酸化炭素の排出に値段をつけるのに、最も効率的な手段だからだ。二酸化炭素に値段をつけることは、専門家の表現を借りれば、二酸化炭素の排出による負の外部性を内部化するために不可欠である。より一般的な言い方をすれば、二酸化炭素を排出するにあたって実質上コストがかかっていないことが問題なのだ。環境に甚大な被害を与えているのは明らかだというのに、企業や消費者などが排出する温室効果ガスの量を計算し評価するシステムがないのだ。炭素税を課せば、二酸化炭素を1トン排出するごとに、それがもたらす被害の実質コストを負担することになる。そうすれば、代替エネルギーを利用し、現在排出している二酸化炭素の大部分もしくはすべてを取り除く動機が高まる。

炭素税は、まったく新しい、過去に前例のない税ではない。1991年、スウェーデンにおいて炭素税が初めて大規模に導入された[63]。石油、石炭、天然

---

63) 炭素税を初めて導入した国はフィンランドであるが、小規模であった（Haugland [1993]）。

ガス，液化石油ガス，ガソリン，航空燃料などによる二酸化炭素1トンにつき，約100ドルの値段がつけられた。この炭素税は，二酸化炭素排出量を削減し，暖房やエネルギー利用においてバイオマスへの移行を促すという目覚しい効果をもたらした。その結果，家庭用暖房に数々の技術革新がなされた。また，バイオマスへの移行により，バイオマスの効率的な生産においてもさまざまな新手法が取り入れられている。さらに，これによってスウェーデン経済が崩壊することも競争力を失うこともなかった。先述したとおり，スウェーデンは世界で最も競争力のある経済の一つである。

このような理由から，最近，欧州委員会はほぼ公式に炭素税の支持を表明した。2007年3月28日，同委員会は，環境問題とそれに関連した政策目的のための，市場を基盤としたさまざまな手段に関するグリーンペーパーを発表した。その中で，二酸化炭素排出量取引の規制などよりも炭素税のほうが施行しやすく，総じて効果的だと強調されている。また，EUは租税の導入に関しては全会一致を義務づけているものの，炭素税の導入はこうした規則に妨げられるべきではなく，選択肢の客観的な評価によって決断すべきであると主張している。さらに，炭素税は「環境と雇用の両方の問題に対処しうる」と述べられている。なぜなら，炭素税は収入ではなく負の外部性に対して課されるからだ。「環境税の逆進性は，労働課税の削減や社会保障への出資といった低所得の家庭に利益をもたらす手段によって相殺できる」。また，「高齢化により公共支出が圧迫され，グローバリゼーションにより資本や労働への課税が困難になっているなか，直接的な租税から消費への租税，特に環境に有害な消費への租税へと移行するのは，国家財政にもかなりの好影響をもたらすかもしれない」。こうした事情は，日本にも充分にあてはまるものである。とくに，高齢化とグローバリゼーションにより財政的にも政治的にも制約が増えているという点は，日本にもよくあてはまる[64]。

そのうえ，2007年5月4日に公表されたIPCCの第三次報告書によれば，ス

---

64) Commission of the European Communities [2007] 参照。

ウェーデンが設けた炭素税の範囲が非常に効果的だという。この報告書は，三つの基本的なシナリオ，すなわち炭素税が二酸化炭素１トンにつき，それぞれ20ドル，50ドル，100ドルの場合を提示した。この三つのシナリオで，それぞれ削減される排出量に大きな差が出ている。１トン20ドルという炭素税は，2030年までに年間90～170億トンの削減につながる。一方，１トン50ドルなら年間130～260億トンである。だが，１トン100ドルという最も強固なシナリオでは，年間160～310億トンが削減される。2000年の世界の総排出量は430億トンであり，これから何も行動を起こさなければ2030年までに排出量が25～90％増えると予測されていることを考えると，100ドルの炭素税を導入した場合に想定される最高の削減量で計算すれば，排出量が50％削減され，2007年のIPCCの報告書で描かれた惨事を回避することができる[65]。また，二酸化炭素１トンにつき100ドルを課すことは，この先20年間でガソリン１リットルの値段に32円を上乗せすることと同等だという。これもまた，起こりうる惨事のコストに匹敵する。IPCCは，これによって失われる世界の生産量は，年間ＧＤＰの約0.12％だとしているが，これは実質的には知覚できない程度の額である。

　炭素税の導入において日本がリーダーシップをとる可能性は充分にある。スウェーデンの例は北欧諸国で一般的になったが，それ以降大きな進歩は遂げていない。その理由は，経済的な実現可能性の問題というより，政治的な問題である。OECDの2006年の研究報告「環境関連税の政治経済学」によれば，こうした租税の導入にともない，「いかなるセクターにおいても，競争力が大きく失われたことは確認されていない」という。その一つの理由は，資源抽出など，大きな影響を受けやすいセクターに関して免除措置が設けられているためである。しかし，日本の産業にはそのような影響を受けやすいセクターはあまりない。鉄鋼業は，あらゆるプロセスを効率化し，クリーンなエネルギーを利用することを迫られるだろうが，それは競争力をつけることにもなるのだ[66]。

---

65)　http://www.gispri.or.jp/kankyo/ipcc/pdf/070515IPCCWG３-SPM (GISPRI).pdfを参照のこと。
66)　OECD [2006b] p. 1 参照。

多くの国の政界で「租税」は禁句になっているので，二酸化炭素に価格をつける手段として提案されるのは，もっぱら排出量取引ばかりだ。二酸化炭素排出量取引には，外部性を内部化するという，炭素税と同じ目的がある。排出量取引は，地域や国家の公共部門，または超域的なレベルの公共部門で，許容できる排出量を決定し，それを排出する権利を企業などに競り売りするというものだ。排出権の取引によって，二酸化炭素の価格が決まる。こうした手段はEUが活用しており，米国の一部の州も，いくつかのグループを組織し，それにカナダも参加して排出権を取引している。しかし，この手段は炭素税と比べればあまり有効ではない次善の策としか見られていない。それは，炭素税なら直接おこなえることでも，二酸化炭素を取引する際には，いくつもの規定に関わる段階を踏まなければならないからだ。したがって，炭素税のほうがはるかに効率性も高く，経済成長の手段としても優れている。

　排出量取引の限界については，米国の政界でも認識が高まっている。現代米国の政界であれほど租税が蔑視されているにもかかわらず，炭素税が議論の的となっているのだ。2007年4月27日の『ボストン・グローブ』紙では，大統領選民主党予備選に出馬した上院議員クリストファー・ドッド（Christopher Dodd）が，排出量取引と連動した「企業炭素税」を呼びかけた。彼の提案によれば，「再生可能エネルギーの研究開発や，クリーン・エネルギーやエネルギー効率の良い技術の展開」を推進するために，炭素税の税収を投入できるという[67]。また，電力事業に対し，再生可能エネルギー生産を義務づける（最低で電力の20％）ことにより，このシステムを支えるという。これは既にカリフォルニア州で実施されていることだ。ニューヨーク市のブルームバーグ市長は2007年11月2日に米シアトル市で開催された気候変動に関する会議の中で「炭素税の下では価格が固定されるため，企業の長期的投資判断が容易になり，クリーン技

67）　Dodd [2007]。
68）　「ブルームバーグ・ニューヨーク市長，国内での炭素税導入を支持」（http://blog.mag2.com/m/log/0000161263/?YEAR＝2007＆MONTH＝12＆DAY＝1）を参考のこと。

第4章　エネルギーと環境の危機

術開発が促進される」と主張した[68]。炭素税を支持する有力者としては，連邦準備制度理事会の元議長ポール・ボルカー（Paul Volcker）や，『ニューヨーク・タイムズ』のトマス・フリードマン（Thomas Friedman）などがあげられる。フリードマンの主張には，2007年4月17日の『ニューヨーク・タイムズ・マガジン』の記事「グリーンの力」から明らかであるように，国家安全保障を重視した考え方が含まれているのである[69]。事実，炭素税の導入は米国においてもかなり主流の議論になってきている。2007年2月9日の『ウォール・ストリート・ジャーナル』紙は，47人の経済学者を対象に調査を実施し，そのうち40人が代替燃料の開発に拍車をかけるために炭素税を導入することを支持したという[70]。

日本の環境税負担はOECD平均を下回っている。それでも，IPCC2007の第三次報告書が公表された翌日である2007年5月5日の『朝日新聞』は，日本の産業界が炭素税や排出量取引におおむね反対していると伝えた。とくに日本経団連のような組織は，日本の技術は世界の「トップランナー」なのでさらなる努力は必要ないうえ，競争力が犠牲になってしまう，といった発言を繰り返している。また，2007年5月22日の『日本経済新聞』によれば，日本の産業界は，炭素税の提案を「官から民への時代の流れに逆行し論外」であるとして事実上無視しているという。

IX　おわりに

これまで見てきたとおり，日本経団連や自民党（とくに道路建設関係者）などが牛耳るオールド・エコノミーの利益集団は現実と向き合おうとせず，ある一定レベルの再生可能エネルギーの利用を義務づけることによって，日本が直面する危機や機会に対処しようという試みに対して，抵抗を続けている。図4-1で見たとおり，カリフォルニア州が設定した再生可能エネルギー比率（電力

---

69)　Friedman [2007]。
70)　Izzo [2007] を参照のこと。

の割合として)の目標値は2010年までに20％であり,ドイツは2030年までに45％だ。それに対し,日本の目標は2014年までにたったの1.63％である。日本のオールド・エコノミーの利益集団は,たとえばシュワルツェネッガー知事がカリフォルニア州で義務づけた,2050年までに二酸化炭素排出量を80％削減する(基準は1990年)といった規制にも反対している。また,日本の支配層は,環境問題に関する真剣な政策立案を避けており,EUと本格的に協力するよりも,「クールビズ」や「ウォームビズ」といった些細なPR活動に終始している。そのうえ,エネルギー研究開発費の大半が,原子力と化石燃料関連にあてられ,躍進しつつある再生可能エネルギーの市場のために技術を育てる余裕がほとんどない。

表4－1及び図4－2に示されているように,日本のエネルギー効率などは,官僚やビジネス誌などが自慢するほど最高レベルではないが,それでもかなり高いことは確かだ。これを土台として技術を改良していくのは非常に有効だろう。だが,それはあくまでも土台でしかない。現在日本がある程度のエネルギー効率を達成しているからといって,それを何の改良もおこなわない言い訳にするべきではない。現在日本がもっている技術は,これからさらに改良を重ねていくための土台として捉えるべきだ。

表4－1　エネルギー効率性の国際比較(2004年)

	日本	米国	英国	ドイツ	フランス	イタリア
BTU/GDP(ドル)	6,535	9,336	6,205	7,175	7,209	6,044
TPES/人	4.18	7.91	3.91	4.22	4.43	3.17
TPES/GDP(千ドル)	0.16	0.22	0.14	0.16	0.19	0.17
CO_2(t)/TPES	2.28	2.49	2.30	2.44	1.42	2.51
CO_2(t)/人	9.52	19.73	8.98	10.29	6.22	7.95
CO_2(kg)/GDP(ドル)	0.35	0.54	0.32	0.39	0.23	0.31

注：　BTUは英熱量。GDPは米ドル(2000年基準。購買力平価ベース)。TPESは一次エネルギー総供給量(石油換算トン)。
資料：国際エネルギー機関(エネルギー統計データベース),米国エネルギー情報局(国別エネルギーバランスデータベース)による。

第4章 エネルギーと環境の危機

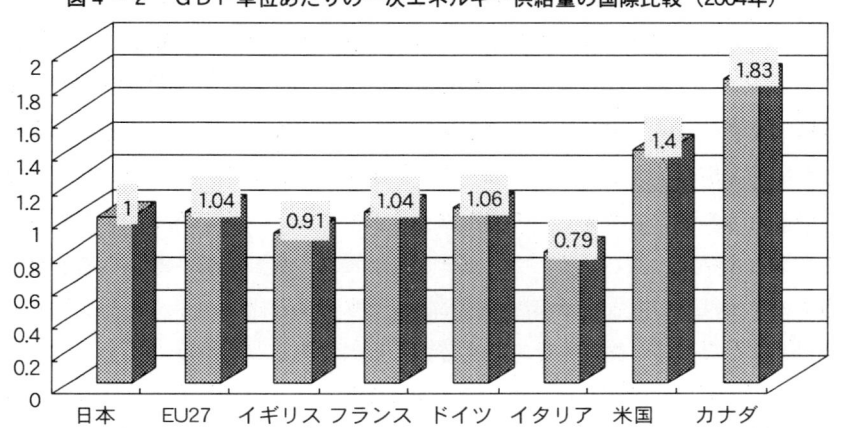

図4－2　ＧＤＰ単位あたりの一次エネルギー供給量の国際比較（2004年）

日本	1
EU27	1.04
イギリス	0.91
フランス	1.04
ドイツ	1.06
イタリア	0.79
米国	1.4
カナダ	1.83

注：ＧＤＰはＰＰＰ（購買力平価）による。
資料：経済産業省「エネルギー効率の国際比較」（2007年4月17日）。

2008年1月26日，世界経済フォーラム年次総会（ダボス会議）において，福田康夫首相は環境問題の対策として，「我が国として実行できることは，優れた環境関連技術をより多くの国に移転していくことです。例えば，我が国の石炭火力発電効率を米，中，インドの3カ国に普及させれば，そのＣＯ$_2$削減効果は日本一国の排出量に相当する13億トンになるのです。私は，世界全体で，2020年までに30％のエネルギー効率の改善を世界が共有する目標とすることを」提案します，と述べた[71]。問題は効率性に関する傲慢さだけではない。炭素税なしに効率性だけを重視することも高リスクである。外部性を内部化する炭素税なしにエネルギー効率性を引き上げれば引き上げるほど，化石燃料を消費する機械（発電所，自動車など）のエネルギーコストが下がって，もっと安く利用できるようになる。そうなると，機械に対する需要（または，発電される電力に対する需要）は強まるだろう。このエネルギー効率の改善とエネルギー消費量の増加の逆説的な関係はジェヴォンズ（William S. Jevons）のパラドックス及

---

[71]　福田首相の演説については，外務省のウェブサイト（http://www.mofa.go.jp/mofaj/press/enzetsu/20/efuk_0126b.html）を参照のこと。

びリバウンド効果と呼ばれている[72]。また，この効果についての研究のほとんどは一国の国内規模で論じられていたが，現在の問題は全世界規模である。電力ネットワークとつながっていない世界の人口は15〜20億人ほどであるが，高度経済成長を達成している新興国が多いため，エネルギーに対する需要はますます強まるかもしれない。国際エネルギー機関などによる，2050年まで化石燃料が全世界の一次エネルギーの80％以上を供給するというシナリオや，エネルギー効率を中心にしているアプローチがもたらすかもしれない需要の増加を考慮すれば，租税によって外部性を内部化したり再生可能なエネルギー技術の開発を支援したりする総合的な対策は必要不可欠であるとわかる。

　こうした新たな産業革命においてカギとなるのは，中核技術のさらなる改良や，画期的な新技術の開発である。これまで見てきたとおり，ヨーロッパはレースの先頭をひた走っており，しかも追い風を受けている。しかし，米国においても既にさまざまな動きがある。技術開発の場になりうる米国の州や大都市において，何らかの補助金制度が既に採用され，むしろ強化される傾向がある。全米に拡散しうる公的部門の活動に起因する経済的なペイオフ（正の外部性）は，既に享受され始めている。シュワルツェネッガー知事やブルームバーグ市長の活動がなければ，ブッシュ政権に対して環境対策のルールを導入させるための圧力がもっと強くなったであろうが，これまでは政治的な均衡を保ってきたと考えられる。これは連邦制のメリットの一つといえるかもしれない。つまり，技術的に遅れている州や地域（あるいはその地域の生産者）は厳しいルール（排出削減など）に従わなくてもいいが，競争力のある地域（米国の場合，北部に集中している）のアクターは全く異なる状況に置かれている。これに加えて，炭素税導入の選択肢は米国政治においてますます現実的になっているのである。

　日本は米国のように，気候変動やエネルギー転換への対応を可能にする地理的，政治制度的特色をもたない。よって日本の租税政治はこれらの難題に対して炭素税の導入により直接的に，そして可能な限り効率的に対処する必要があ

---

[72]　環境税，エネルギー効率そしてリバウンド効果について鷲田[2004]参照。

第 4 章　エネルギーと環境の危機

るといえる。このようなアプローチは日本のみならず国際的な利益にもなるのだ。租税国家自体は危機のさなかにあるわけではない。それどころか，租税の賢明な利用はわれわれが集団的に直面する危機への非常に有効な解決策を提示するのである。

(付記)　本章は，『立教経済学研究』第61巻第2号［2007年9月］に掲載した「エネルギーと環境の危機」及び同誌・第61巻第3号［2007年11月］に掲載した"Mediating Externalities"をベースとして，新たに収集した資料等にもとづいて加筆・修正をおこなったものである。

〔参考文献〕
朝日新聞［2007］「温暖化処方箋，攻防 国連IPCC報告書」5月5日，2ページ。
岡田幹治［2007］「自然エネルギー「後進国」ニッポンの無策」『エコノミスト』11月27日号，36－38ページ。
金原啓司［1999］「日本の火山地帯における地熱資源調査：レビュー」『地球科學』第53巻第5号（19990925），325－339ページ。
　　http://ci.nii.ac.jp/naid/110004862455/
科学技術振興機構［2006］「第三世代バイオマス技術の日米欧研究開発比較」研究開発戦略センター（井上グループ），CRDS-FY2006-GR-01。
　　http://crds.jst.go.jp/output/pdf/06gr01.pdf
産経新聞［2007］「太陽光発電を優遇 経産省，新エネルギー利用で目標値」1月29日。
自治体国際化協会［2003］「イギリス：ロンドンの混雑賦課金制度の開始」。
　　http://www.jlgc.org.uk/jdb/old/200302.pdf
神野直彦［2002］『地域再生の経済学－豊かさを問い直す』中央公論新社。
寺島実郎［2007］「新・エネルギー摩擦－日本の危機」『文藝春秋』4月号，94－104ページ。
日本経済新聞［2007］「温暖化，危機感に温度差，国連パネル報告──気温2－3度上昇なら，日本も被害拡大」4月7日，3ページ。
前田典秀［2006］『風をつかんだ町』風雲舎。
読売新聞［2007］「経済閣僚に聞く」9月29日，10ページ。
鷲田豊明［2004］「応用一般均衡モデルによる環境効率リバウンド効果の計測：日本経済の温暖化ガス排出削減をめぐって」。
　　http://washida.net/paper/epam/epamrbn.pdf
ACORE［2007］"The Outlook on Renewable Energy in America," American Council on Renewable Energy.
　　http://www.acore.org/theoutlook07.php

Brown, Lester[2007]. "Distillery Demand for Grain to Fuel Cars Vastly Understated," *Earth Policy Institute,* January 4.
　　http://www.earth-policy.org/Updates/2007/Update63_notes.htm
BTM Consult[2007] *World Market Update 2006,* BTM Consult Aps March 2007.
California Climate Change Center [2006] "Managing Greenhouse Gas Emissions in California."
　　http://www.nrdc.org/media/pressreleases/060404.asp
Cardwell, Diane [2007]"At Mayor's Summit, Bloomberg Campaign's for Clean Air," *New York Times,* May 16.
Chea, Terence[2007]"Doerr Firms Invests in Green Technology,"*USA Today,* April 10.
　　http://www.usatoday.com/tech/news/2006-04-10-green-venture-capitalist_x.htm
Citigroup [2007] "Citi Targets $50 Billion Over 10 Years to Address Global Climate Change,"Citigroup Inc. (NYSE:C), May 8, 2007.
　　http://www.citigroup.com/citigroup/press/2007/070508a.htm
Clemmer, Steve, Jeff Deyette and Alan Nogee [2007] "The Projected Impacts of a National Renewable Portfolio Standard,"*Electricity Journal,* May.
Commission of the European Communities [2007] "Green Paper on market-based instruments for environment and related policy purposes,"March 28.
　　http://ec.europa.eu/taxation_customs/resources/documents/common/whats_new/com2007_0140en01.pdf
Cooperative Bank[2006]"Ethical Consumerism Report 2006."
　　http://www.co-operativebank.co.uk/images/pdf/er_report_2006.pdf
Cordell, Arthur[1996]"New Taxes for a New Economy,"*Government Information in Canada,* Vol.2, No.4 (Spring).
　　http://library2.usask.ca/gic/v 2 n 4 /cordell/cordell.html
Curry, Bill [2007] "Canada: Australia's 'climate change' election inspires Layton to emulate green platform,"*Globe and Mail,* November 26.
Datamonitor [2007] "Regulation & Policy: National policies are driving renewables investment,"Datamonitor, April 19.
Development Concepts and Doctrine Centre (DCDC) [2007] "The Global Strategic Trends Programme 2007－2036,"Ministry of Defence (UK), Development Concepts and Doctrine Centre, January 2007.
Dodd, Christopher[2007]"A Corporate Carbon Tax,"*Boston Globe,* April 27.
　　http://www.boston.com/news/globe/editorial_opinion/oped/articles/2007/04/27/a_corporate_carbon_tax/
Drucker, Peter[1969] *The Age of Discontinuity:Guidelines to Our Changing Society,* New York:Harper&Row. (上田惇生訳『断絶の時代 [新版]』ダイヤモンド社，1999

第4章 エネルギーと環境の危機

年)
Economist[2007] "The Politics of Climate Change," *The Economist,* March 17.
Energy Information Administration[2007] "International Energy Outlook 2007,"May.
　　http://www.eia.doe.gov/oiaf/ieo/index.html
Ferguson, Charles[2007] "Nuclear Energy:Balancing Benefits and Risks,"Council on Foreign Relations Special Report, April.
　　http://www.cfr.org/publication/13104/
Friedman, Thomas[2007]"The Power of Green,"*New York Times Magazine,* April15.
Grace, Robert, Wilson Rickerson, and Janet Sawin[2007]"If the Shoe FITS:Using Feed-in Tariffs to Meet US Renewable Electricity Targets,"*Electricity Journal,* May.
Hacker, Jacob S. and Paul Pierson[2006]*Off Center:The Republican Revolution and the Erosion of American Democracy,* New Haven:Yale University Press.
Haugland, Torlief[1993]"A Comparison of Carbon Taxes in Selected OECD Countries," OECD Environmental Monographs No. 78, Paris:OECD.
International Monetary Fund(IMF)[2007]"World Economic Outlook," January.
　　http://www.internationalmonetaryfund.org/external/pubs/ft/weo/2007/01/pdf/c1.pdf
Izzo, Phil[2007]"Is it Time for a New Tax on Energy?, *The Wall Street Journal,* February 9.
Johansson, Bengt[2000]"Economic Instruments in Practice 1:Carbon Tax in Sweden," Workshop on Innovation and the Environment, June19. Paris:OECD.
　　http://www.oecd.org/dataoecd/25/0/2108273.pdf
Lean and Webb [2007] "United Kingdom:Renewable Energy-The tide turns,"*The Independent,* May 20.
Le Quere, Christian Rödenbeck, Erik T. Buitenhuis, Thomas J. Conway, Ray Langenfelds, Antony Gomez, Casper Labuschagne, Michel Ramonet, Takakiyo Nakazawa, Nicolas Metzl, Nathan Gillett, Martin Heimann[2007]"Saturation of the Southern Ocean CO 2 Sink Due to Recent Climate Change,"*Science,* May 17.
　　http://www.sciencemag.org/cgi/content/abstract/1136188
May, Hanne and Nicole Weinhold[2007]"Going Global,"*New Energy,* 2/07.
　　http://www.newenergy.info/index.php?id=1430
Moser, Suzanne [2007] "In the Long Shadows of Inaction: The Quiet Building of a Climate Protection Movement in the United States,"*Global Environmental Politics,* May.
National Renewable Energy Laboratory(NREL)[2007]"Energy Efficiency and Renewable Energy Technology Development in China."
　　http://www.nrel.gov/international/china/
Organisation for Economic Co-operation and Development(OECD)[2006a] *OECD Territorial Reviews:Competitive Cities in the Global Economy,* Paris:OECD.

Organisation for Economic Co-operation and Development(OECD) [2006b] *The Political Economy of Environmentally Related Taxes,* Paris：OECD.

Sandu, Ndamu [2007] "Zimbabwe：Germany Boosts Wind Power Generation," *Zimbabwe Standard,* May 13.
  http://allafrica.com/stories/200705140715.html

Schumpeter, Joseph A. [1918] *Die Krise des Steuerstaats.* (木村元一・小谷義次訳『租税国家の危機』岩波書店, 1983年)

Stratos [2003] *Environmental Protection and Conservation：Lessons for Canada,* December 4.
  http://www.stratos-sts.com/publications/Stratos_EIs_Smart_Reg_Cttee_Dec_2003_2.pdf

Stern Review [2006] "Stern Review on the economics of climate change."
  http://www.hm-treasury.gov.uk/independent_reviews/stern_review_economics_climate_change/stern_review_report.cfm

Suleiman, Ezra N. [2005] *Dismantling Democratic States,* Princeton：Princeton University Press.

第5章　財政社会学方法論に関する一覚書
―― 介護保険制度の決定過程に関する日独比較を事例として ――

佐々木　伯朗

I　はじめに

　かつて，第一次大戦後の混乱したドイツ，オーストリアで，従来の財政学を批判して登場した「財政社会学」は，現代の日本において，再び関心を集めつつある。19世紀から20世紀はじめにかけて全盛を誇ったドイツ財政学が敗戦後の未曾有の経済，財政危機に際して有効な処方箋を提供しえなかったことを批判して，ゴルトシャイト（Rudolf Goldscheid）がこの言葉のもとに，財政と社会の相互関係を明らかにすることを目的として提唱したのが「財政社会学」である。

　現代の日本においても，いまだかつて経験のない公債残高の増大に対して，政府は有効な対策を打ち出すことができずにいる。その一方で国，地方を通じた財政緊縮政策は，教育，医療，福祉といった基礎的社会サービスの水準の低下をもたらし，個人間，団体間の格差を拡大させている。このことは，アメリカを中心とする主流派経済学や公共経済学の経済政策への極端な適用ともいうべき「新自由主義」のもたらした帰結ともいえる。個人の考え方の違いはもとより，家族，企業，政府といった社会における諸集団の編成原理も異なる日本においては，アメリカと同一の政策がとられたとしても，アメリカと同一の効果が得られる保証はない。このように，政策の主体である国家と，対象である社会がそれぞれ独立した存在であることを認識するならば，国家と社会，財政と社会の相互関係の解明を課題とする財政社会学の重要性は明らかであろう。

もともと近年の財政社会学への関心は，国際的に見た場合，財政学者ではなく，主としてアメリカを中心とした社会学，政治学の領域から生じている。すなわち，主に税制に関して，その政治的意思決定過程における，政党や利害関係集団間の相互作用の分析における「財政社会学」的手法の有効性がキャンベル（John L. Campbell）によって認識され[1]，日本及びアメリカにおいて，1990年代以降多くの研究がおこなわれている。これらの研究においては，国家または財政と社会との関係の結節点として，「政治過程」や「政治的意思決定の場」が取り扱われている。いうなれば，「社会的要因→政治的意思決定過程・制度→政府活動・財政」，という規定関係が念頭に置かれているといえる。こうした仮説にもとづく研究のあり方については後述する。

　さて，ゴルトシャイト，及びシュンペーターの財政社会学は，単体としての国家と，それに対立する社会との，租税や公債をめぐる相互関係に焦点があったのであるが，後の世代であるマン（Fritz K. Mann）においては，第一次大戦以後の，国家の経済過程へのさまざまな形での介入及びそれに関する各種団体の形成を反映して，財政社会学の関心はいわゆる準国庫（Parafisci），すなわち国家財政の周縁に位置する中間的財政権力に向けられるようになる[2]。同世代のシュメルダース（Günter Schmölders）の著作においては，全体としての国家権力や，政治から独立した官僚機構，という概念が強調されているのに対して[3]，マンは，財政現象をめぐる国家と社会，及びその中間に位置する団体の相互作用に重点を置いたといえるだろう。

　こうしたマンの研究の延長線上に，後に見るような政治学における政策ネットワーク論が位置づけられるのであるが，本章はその一つの応用として，日本とドイツの財政的意思決定システムの違いについて，とくに介護保険制度の決

1）　Campbell [1993] 参照。
2）　ドイツにおける財政社会学の系譜について，本章は大島・井手 [2006] 第4章「財政社会学の視点と射程」の整理に依拠している。なお Sasaki [2005] は，財政社会学がその成立から現在に至るまで，日本においてどのように受容されたかを，個々の研究をサーベイしつつ論じている。
3）　Schmölders [1970]，第3章「財政政策における意志形成」を参照。

定過程を題材に考察を試みる。租税をめぐる国家と社会の相互関係として成立した財政社会学は，中間団体の存在を前提とした現代においては，団体の財源をめぐる，国家，社会，及び中間団体それ自体の関係に拡張可能であると考えるからである。

II 比較の枠組み

公的介護保険は，ドイツにおいては1995年から，日本においては2000年から実施されている。高齢者介護サービスの財源を社会保険でまかなうこれらの制度は，成立の背景となる経済的・財政的要因や実際にできた制度の点では似ているが，その制度の成立に至る政治過程を観察したとき，大きな相違が存在することがわかる。

第二次大戦後のドイツ政治の特徴を述べたカッツェンシュタイン（Peter J. Katzenstein）は，政党，協調的連邦制（cooperative federalism），準公的機関（parapublic institution）の三つが，政策ネットワークにおける重要な結節点であるとしている[4]。政党については，「分権化された公共部門と，集権化された民間部門が，公共政策の形成において収斂する重要な制度的場」[5]とされており，後二者を媒介する重要な役割を演ずると考えられた。たとえば税制については，民間部門の利害が政党を通じて議会に反映され，意志決定がおこなわれるが，同時に後述するような，地方の利益を代弁する連邦参議院が存在し，その了解も得る必要があるため，民間部門の利害と地方の利害を調整する政党の役割は極めて大きなものとなる。しかし現在の日本の場合，税務当局がつくる改革案は，実質的には国会提出以前の段階で，政権党のみの，しかも極めて少数の議員の意思によって決定される[6]。すなわち，これらの議員に影響力を及

---

4) Katzenstein[1987]pp.35-60参照。
5) Ibid., p.35.
6) 飯尾［2004］によれば，与党の税制調査会に属するこうした少数の議員のグループはインナー（幹部会議）と呼ばれる。

ぼしうる幹部官僚，各種企業，団体のみが，税制の決定に参加しうるシステムである。よって，カッツェンシュタインが述べた意味での政党の役割は日本には存在しないといってよい。

「協調的連邦制」とは，各政策領域で連邦，州，地方が重なり合うことを意味するが，ドイツが日本と異なるのは，政策の形成という面において地方，とくに州が，連邦全体の政策決定システムの中に制度的に組み込まれているという点である。たとえば地方税の決定については，日本の場合，課税ベース及び標準税率が，地方税法として国会で決定されるのに対して，ドイツはそもそも連邦参議院が各州政府の代表から構成されており，政策全体が連邦と州との共同決定というシステムをとっている。財政調整制度についても，日本の場合，地方交付税の総額及び配分は，国の機関同士の財務省と総務省の折衝によって決まるのが実態であり，財政調整の財源の多くが共同税から成り立っているドイツとは大きく異なる。次節以降で述べるように税制決定における協調的連邦制の有無は介護保険制度の成立過程においても関係している。

「準公的機関」とは，カッツェンシュタインによれば，連邦銀行，社会保障基金のように，広い意味での公共部門を構成する機関のみならず，教会や民間福祉団体も含んでいる。とくにカトリック，プロテスタント等の社会勢力を背景とした六大民間福祉団体は，ドイツの社会政策の基本原理の一つである「補完性原理」（Subsidiaritäts Prinzip）の下で，福祉サービスの提供において政府から独立して半独占的な地位を保ってきたのであり，国が決めたサービスをおこなう福祉，という傾向が強い日本とはやはり異なっている。

さて，以上述べた三つの結節点はドイツの介護保険制度の形成において，相互に密接な関係をもっていると考えられる。以下では，介護保険法制定に至る動き，及び介護保険の財政システムを日本とドイツで比較することによって，そのことを明らかにしていこう。

Ⅲ　介護保険の導入をめぐる議論と財政システムの比較

　介護保険導入の背景として，ドイツでは社会扶助支出の拡大による州・地方の財政状況の悪化があり，日本では措置制度の下で福祉の供給制約が生じたことによる「社会的入院」の増大があげられる。いずれも高齢化が究極的原因であることは明らかだが，日本では当初，社会保険財政の問題として，ドイツでは地方財政の窮迫の問題として，介護保険導入への気運が生じたことは興味深い。

　ドイツではその後，1990年にブリューム（Norbert Blüm）連邦労働社会大臣による公的介護保険の構想が発表されたことを契機に，国内での議論が活発化したが，そこでの提案は以下の四つに大別される[7]。

①　連邦社会扶助法による給付の拡大
②　税を財源とする介護給付法の創設
③　積立方式による民間介護保険
④　賦課方式による公的介護保険

　1991年以降の議論では，このうち①と②は財政の厳しい実態から早々に除外されたが，とくに②については「拠出と給付の対応関係がなくなり，連帯と自己責任と自治というドイツ社会保障の3原則と異なるものになってしまうこと」[8]もあげられた。このことにより，社会保険か民間保険か，に論点が集約され，連立与党内，また労使間の協議を経て最終的には，使用者の負担軽減のため国民の祝日を一日減らす条件で1994年に介護保険法が成立した。

　これに対して日本では，「保険か税か」という点が最後まで問題になった[9]。1980年代には臨調・行革路線の中で，個人の自助努力や家族及び地域社会の役

---

7)　この分類は土田[1999] 341ページによる。
8)　同上，342ページ。
9)　以下の，1990年代の日本における福祉財源の議論については神野・佐々木[2002] 255-261ページを参照。

割重視の考え方が打ち出され，1990年代初頭にかけて福祉関係八法改正，老人保健法改正によって施設福祉から在宅福祉に重点が明確に移行する。しかし，日本特有の縦割り行政のもとで，福祉には租税，医療には保険，というシステムが維持される中で，一方では福祉の分野における措置制度の供給制約の問題が，他方で医療の分野におけるいわゆる「社会的入院」による医療保険財政（とくに国民健康保険）の危機という問題が生じた。

　こうした状況の中で，介護保険の導入へ流れを決定づけるターニング・ポイントとなったのが，1994年2月の，当時の細川首相による，消費税増税を福祉目的に充当する国民福祉税構想の発表であった。この内容自体に加えて，発表が唐突だったこともあり，与野党からの強い反発を受けて「国民福祉税」構想はわずか一日で挫折する。この結果，租税を財源とする福祉の拡大が当面無理な情勢になり，その後の厚生省内での検討は介護保険の導入に集中することとなる。そして，95年の社会保障制度審議会の勧告，及び当時の連立政権与党である自民党，社会党，新党さきがけにおける党内調整を経て，97年の介護保険法成立に至るのである。

　上記の比較からは，ドイツでは介護保険の導入に至る議論が，政党，使用者団体，労働者団体，福祉事業者等，多方面で活発におこなわれたのに対して日本では，もっぱら政府与党内の調整に終始したことがわかる[10]。ドイツの場合，先に述べたカッツェンシュタインの概念を用いるならば，介護保険法の決定にあたっては，労使に加え，福祉事業者（＝準公的機関）など社会の多方面の意見を集約する「導管」として政党が重要な役割を演じたのであり，連邦議会での決定には当然州の意見も反映された。日本において，もっぱら審議会や諮問機関で政策が決定されたということは，政党が大衆の意見集約機能を果たしていないか，果たしていたとしても現実の政策に反映されないということを示して

---

10) ドイツでは，介護保険導入に関する議論は1970年代から存在していた。政治過程を含めたこれらの議論については，Alber and Scholkopf [1999] が参考になる。なお，その過程において常にドイツ社会保障の原則である「連帯性」と「補完性」をいかに維持するかが問題となっていたことは，日本とは際立った違いである。

いる。

　増田雅暢は，厚生官僚として当時の介護保険法の成立に直接関わった立場から，介護保険制度が政府や与党内でどのような過程を経てその内容が決定されたのかを論じているが[11]，そこでは，介護保険の決定は従来の日本の政策決定システムとは異なる，という点が強調されているので，少し立ち入って検討しておこう。ここではまず，介護保険の政策過程の特徴として，①省庁主導型政策過程の特徴と限界が如実に表れたこと（審議会では合意形成ができず，地方団体も市町村を保険者とすることに反対し，連立与党の調整に委ねざるをえなかったこと），②関係団体における活発な意見表明や研究会等の活発な実施が見られたこと（医療，福祉関係団体ばかりでなく，市民団体，労働組合等，さまざまな団体において広範かつ活発な研究，講演活動がおこなわれたこと）及び③連立与党三党主導型の本格的調整と合意形成への努力が見られたこと，があげられている[12]。とくに，三番目の与党における介護保険制度の政策過程に関しては，「従来の厚生省主導型であった社会保障関係法律の政策過程において初めて本格的に与党国会議員のイニシアチブが発揮されたこと」[13]，また「自社さ連立政権の存在により初めて介護保険制度が法制度として結実できた」[14]と述べており，全体として，介護保険制度の成立における厚生省の独走を否定する内容となっている。筆者はこの見方に対しては，日本の政策決定システム，すなわち日本における議院内閣制の特徴を考えると，否定的にならざるをえない。

　飯尾潤が述べているように，日本の議院内閣制は，「政府与党二元体制」というべきものであり，政策は担当官庁がつくる一方で，それが与党によって承認されなければ成立しないという関係にある。すなわち，政策決定においてどちらが主でどちらが従とはいえない関係にあることになる[15]。このことは別な

---

11)　増田［2003］。
12)　同上，9－11ページ。
13)　同上，77ページ。
14)　同上，78ページ。
15)　飯尾［2004］209－217ページ。

側面から見れば，省庁が作成する法案が国会提出の前段階で各種の利益集団を背景とした与党のチェックを受けることで，曲がりなりにも「民意」が反映していると考えることができよう[16]。このようなシステムを念頭において介護保険法の成立の経緯を考えると，それが日本政治史上極めて異例の「自社さ」連立政権の下であったことは留意する必要がある。すなわち，社会党，新党さきがけが介護保険法の成立に熱心であったのに対し，自民党においては法案作成に関わった一部議員を除けば慎重であったことは，増田も述べている。「自社さ」連立政権以後は，再び自民党単独に近い政権が続いていることを考えると，介護保険法は，イデオロギーの異なる連立与党の政策理念の間隙をぬう形で厚生省が自らの望む政策を実現させたものと考えることができる。介護保険は「本格的に与党国会議員のイニシアチブが発揮された」というよりは，「従来の厚生省主導型であった社会保障関係法律の政策」の延長上にあると見ることができるのである。

なお，成立した介護保険制度の財政システムの差異について若干述べておこう。ドイツの場合，介護保険の保険者は，疾病金庫が運営する介護金庫である。賦課方式による運営の下，給付と保険料収入の一致が原則である。保険料及び給付については，介護保険法（連邦社会法に包含されている）において，所得水準及び要介護度に応じて全国一律に決定されている。もっとも，要介護度の認定については，州ごとに差異があるといわれている。また，日本と異なるのは，事業者に対する報酬が，介護金庫と，地域の市町村の連合体[17]の協議によって決定されていることである。このことは，サービス利用者が支払う自己負担もそこで同時に決まってくることを意味しており，それに対する扶助は各市町村の判断に任されている。その他，給付額に対応した具体的なサービス内容も，各介護金庫と事業者との協議によって決定される。日本の介護保険制度が，保険とはいっても，国民健康保険と同様に各市町村が保険者となり，最初から国

---

[16] 無論，ここでいう「民意」は与党を支持する個人・団体の利害を主に反映したものである。
[17] この連合体は，"Landschaftsverband"（地方自治体連合）と呼ばれている。

費の投入を前提としたものであることと対比すると、ドイツの介護保険制度では、保険者、事業者、自治体の裁量性が強いという点で、先の「協調的連邦主義」と「準公的機関」両者の特徴が表れているといえる。

さて、成立の経緯や実施のシステムにおいて、日独両国の介護保険制度にこのような差異が出てくるのはなぜであろうか。一つの理由は、繰り返しになるが、一方には補完性原理が存在し、他方にはないことである。

もう一つは、これも既に述べたことだが、協調的連邦制の有無である。両者を合わせて考えるならば、高齢化や低成長という、経済的な背景は似ていても、組織間関係が異なることにより、一見類似していても、異なる財政システムが生じた、と考えることができよう。

では、こうしたシステムの安定性という点では何がいえるであろうか。ドイツでは、1999年から7年連続で、連邦全体での介護保険収支が赤字となり、累積赤字が24億5千万ユーロに達した。それに対して日本では、将来の給付の増大を予想して、2005年度に、軽度の要介護者を対象とした介護予防給付や、地域密着型サービス、地域包括支援センター等新たなサービスを盛り込んだ、介護保険制度の改正がおこなわれた。財政的な安定性という点では日本のほうが優れているように見えるが、問題は、新たな制度の下で実際に十分な介護サービスが提供されるか、という点や、全体として被保険者やサービス利用者の負担を増した制度に対する信頼がどうなるかという点にあるのではないだろうか。補完性原理とともにドイツの社会政策の柱である「連帯性原理」は、受給者と負担者がともに信頼できる制度を要求する。それは金銭的のみならず実物的サービスが維持されるかどうかにも依存するものであろう。

Ⅳ 「歴史的制度論」の論理と問題

これまでカッツェンシュタインの手法を援用しつつ日独両国の介護保険の成立過程や財政システムについて論じてきたが、そこで明らかになった差異をふまえて、こうした方法論の問題について改めて考えたい。もともとカッツェン

シュタインが上述の「制度的場」を論じたのは，それまでのドイツでは軽視されがちであった「政策」(Policy)と「政治」(Politics)の区別を明らかにするねらいが根本にあったからである。彼は「社会的諸力と政治的制度が明白に政治的力を形作る」[18]としたうえで，ある国の公共政策が政治的力を組織するようにつくられるのか，個々の問題の機能的な重要性に従ってつくられるのかという問いに対して，政治と政策の交差はそうした個別問題の重要度よりもむしろ政治権力の制度装置によって影響される，という作業仮説の下に，ドイツにおける上記の政策ネットワークの分析をおこなっているのである。

こうした考え方は，政治分析において制度の役割を比較的限定的に捉える点で，スタインモ（Sven Steinmo）のいう「歴史的制度論」に属するものといえる。彼はセーレン（Kathleen Thelen）との共著論文において，政治学における「歴史的制度論」の長所を「合理的選択制度論」と対比する形で詳細に論じている。たとえば，「合理的選択制度論」は目的合理的に行動する個人に制度的制約を加えた考察を特徴とするのに対し，「歴史的制度論」は個人の選好それ自体も内生的に取り扱い，制度の歴史的な生成を分析することに特徴があるが，制度的文脈は個人の戦略のみならず追求する目標にも影響するので，後者のほうが優れているとするのである[19]。

スタインモの主張する「歴史的制度論」は，政党，官僚，自治体，企業といった各種の中間組織の態様が政策に及ぼす影響を分析する場合には極めて有効であろう。だが，その一方で，制度の役割を限定的に捉えるこの方法には問題点もある。

第一に，ある政策に関して国際比較をおこなう場合，かかる中間組織の違いを国ごとの政策の差異が生じる根拠にするのであれば，経済システム全体の違いから差異を説き起こすところまで至らない。先の介護保険のケースにあてはめるならば，ドイツには政策ネットワークにおける「結節点」が存在するのに対し，日本には同じものが存在しない，という結論で終わってしまいかねない。

---

18) Katzenstein[1987]p.6.
19) Thelen and Steinmo[1992]pp.7-10参照。

問題は，中間レベルの組織になぜそのような違いが発生したのかということにある[20]。

　第二に，中間レベルの制度ないし組織の自律性を強調することは，システム全体の中でのかかる組織の位置づけを理論的に曖昧なままにする可能性がある。その場合，経済システムにおいてそのような制度が生じた根拠の説明，及び制度が個々の政策に及ぼす影響の説明は，他の有効な理論的ツールがない限り，「物語的」（narrative）なものになるおそれがある。そもそも社会科学における「新制度論」を「合理的選択」と「歴史主義」に二分するのは，前者の中にも無視できない分野や方法論上の違いが存在することを考えれば，粗すぎるといえる。たとえば社会学の分野でディマジオ（Paul J. DiMaggio）らは，制度概念を人間行動一般のパターンまで拡張しているが，そこでは制度は公共選択論や経済学で説明されるような，主体の目的のためにデザインされた「ゲームのルール」でもなければ，目的をもって行動したその「結果」でもないのである[21]。「社会学的新制度論」とも呼ばれるこうした考え方は，政策分析にも応用可能であろう。

　無論政治経済学において歴史を重視することは基本であるが，そのこと自体は分析枠組みとしての「歴史主義」を必然とするものではない。重要なのは，歴史の中で存在したさまざまなイベントを，いかに理論的に説明するか，という点にある。

V　おわりに

　本章では，財政社会学研究の題材として，日本及びドイツの介護保険を取り

---

20) ただしスタインモらは，制度分析を中間レベルの組織に限定する手法は，経済体制等のシステム全体の影響が個々の主体に間接的に影響することを明らかにするという点では，有効なものであるとしている。Thelen and Steinmo [1992] pp. 10-13 参照。

21) DiMaggio and Powell [1991] p. 8.

上げ，その成立までの政治的意志決定のプロセスや，現実の制度における両国の差異を示したうえで，その差異が生ずる原因について論じてきた。しかしドイツにはあって日本にはない「補完性原理」や「協調的連邦制」は，なぜ，またどのようにしてドイツの社会から生ずるのかは不明であり，ここに，新制度論における歴史的方法の限界もあると考えられる。事実を元に結論を導く方法は具体的でわかりやすいが，その一方で，一般性のある結論を引き出すことは困難である。言い換えると，財政社会学の応用として日本とドイツの，社会的要因→意思決定過程・制度→政府活動・財政，という規定関係を明らかにするためには，両国の社会構造に関する何らかの仮説を設定し，それを事実やデータにもとづいて検証していく方法が不可欠である。

赤石孝次は，歴史主義的新制度論と合理的選択新制度論について，「両アプローチの展開を見ると，それぞれが排他的な関係にあるのではなく，お互いに応えていかねばならないものを検討し，アプローチとしての有効性を高めようとした過程であった，と考えられる」[22]と述べている。合理的選択新制度論の代表とされるノース（Douglas C. North）も，近年の著作では，均衡状態よりも変化の過程を重視する進化ゲーム理論や認知科学的方法に注目しており，現在では歴史分析と演繹的手法との垣根は低くなりつつあるといってよい[23]。しかし，そのような最新の研究にしても，やはり合理的選択新制度論は個人行動における目的関数の最大化を特徴とする「方法論的個人主義」に依然として立脚しているのではないだろうか。

筆者が関心をもってきたドイツ財政学は，時代によって，また論者によって程度の違いはあるが，国家または政府を，個人の集合ではなく，それとは独立した意志決定主体，生産主体と捉えてきたことに特徴がある。また，ドイツ財政学の源流である官房学も，古典派経済学のように政府を不生産的とは捉えず，国全体の経済活動の活性化のために，鉱工業，農林業等の生産的活動をおこなう主体として扱っている。時代は異なるが，政府の規模も活動の多様性も増大

---

22) 赤石 [1998] 108ページ。
23) North [2005] 参照。

第5章　財政社会学方法論に関する一覚書

している現在においてこそ，このような，「個と全体」との並存を特徴とするドイツ財政学の意義を，むろん現代の社会科学のロジックを用いてではあるが，見直す意味はあるといえよう。前節で最後に述べた「社会学的新制度論」は組織構造を重視する理論である点において，そのための有効な媒介手段となると思われる。

　ゴルトシャイトが批判したのは，第一次大戦前のドイツ財政学における，財務行政論に特化しすぎ，また現実から遊離して過度に擬制的な国家概念を作り上げた部分であって，それによってドイツ財政学全体が否定されたのではない。むしろゴルトシャイト以前にシェフレ（Albert E. Schäffle）が，当時の社会学の成果によって種々の財政問題の解決を目指す，というアプローチをとっていた例からもわかるように[24]，財政社会学を，独立した学問としてではなく，アプローチとして捉えるのであれば，それは元々ドイツ財政学に本来的に内在するアプローチなのである。

〔参考文献〕
赤石孝次［1998］「財政社会学と政治経済学」『経営と経済』（長崎大学），第78巻第1号，69-112ページ。
飯尾潤［2004］「財政改革における政党と官僚制」青木昌彦・鶴光太郎編著『日本の財政改革―「国のかたち」をどう変えるか』東洋経済新報社，所収。
大島通義［2001］「政策ネットワークから見たドイツ財政」『独協経済』第73号，29-60ページ。
大島通義・井手英策［2006］『中央銀行の財政社会学』知泉書館。
神野直彦・佐々木伯朗［2002］「地方福祉財政のヴィジョン」神野直彦・金子勝編『住民による介護・医療のセーフティーネット』東洋経済新報社，所収。
土田武史［1999］「介護保険の創設とその後の展開」古瀬徹・塩野谷祐一編『先進諸国の社会保障4　ドイツ』東京大学出版会，所収。
増田雅暢［2003］『介護保険見直しの争点―政策過程からみえる今後の課題』法律文化社。
Alber, Jens und Martin Scholkopf [1999] *Seniorenpolitik : Die soziale Lage alterer Menschen in Deutschland und Europa,* Amsterdam : Verlag Fakultas.
Backhaus, Jürgen G. [2005] "Fiscal Sociology : What For?" in Jürgen G. Backhaus, J. (ed.) *Essays on Fiscal Sociology,* Frankfurt am Main : Peter Lang.

---

24)　Mann[1961]pp.643-644参照。

Campbell, John L. [1993] "The State and Fiscal Sociology," *Annual Review of Sociology,* Vol. 19, pp. 163−185.

DiMaggio, Paul J. and Walter W. Powell [1991] "Introduction," in Paul J. DiMaggio and Walter W. Powell (eds.) *The New Institutionalism in Organizational Analysis,* Chicago and London: University of Chicago Press.

Katzenstein, Peter J. [1987] *Policy and Politics in West Germany: The Growth of a Semisovereign State,* Philadelphia: Temple University Press.

Mann, Fritz K. [1961] "Finanzsoziologie", in Erwin von Beckerath et al., *Handwörterbuch der Sozialwissenschaften, Bd. 3,* Stuttgart: Gustav Fischer.

North, Douglas C. [2005] *Understanding the Process of Economic Change,* Princeton: Princeton University Press.

Sasaki, Norio [2005] "German Fiscal Sociology's Influence on Japan", in Jürgen G. Backhaus, J. (ed.) *Essays on Fiscal Sociology,* Frankfurt am Main: Peter Lang.

Schmölders, Günter [1970] *Finanzpolitik,* 3Aufl. Berlin: Springer-Verlag. (山口忠夫他訳『財政政策』中央大学出版部, 1981年)

Steinmo, Sven [1993] *Taxation and Democracy: Financing the Welfare State in Britain, Sweden and America,* New Haven: Yale University Press. (塩崎潤・塩崎恭久共訳『税制と民主主義』今日社, 1996年)

Swedberg, Richard [2003] *Principles of Economic Sociology,* Princeton and Oxford: Princeton University Press.

Thelen, Kathleen and Sven Steinmo [1992] "Historical Institutionalism in Comparative Politics," in Sven Steinmo, Kathleen Thelen and Frank Longstreth (eds.) *Structuring Politics: Historical Institutionalism in Comparative Analysis,* New York: Cambridge University Press.

第6章　現代国家の変容と租税政策
—— グローバル化，高齢化及び政府への信頼をめぐって ——

スヴェン・スタインモ
【編訳】アンドリュー・デウィット，池上岳彦

I　はじめに

　2002年3月に来日したとき，私は企業統治に関する講演を聞いたことがある。そこでは，私が聞いたことのないフレーズが繰り返し使われていた。それは「グローバル・スタンダード」である。「グローバル・スタンダード」とは一体何か？　その講演では「グローバル・スタンダード」とは「米国」という意味で使われていた。その主張は，米国型企業統治は最も効率的な企業統治のモデルであり，もし日本が新しいグローバル経済の中で競争し，成功していくためには，「グローバル・スタンダード」に順応しなければならない，すなわち米国のようにならなければならない，ということであった。

　福祉国家と呼ばれる先進国の間でも，税制の構造とその負担水準はさまざまである。しかし，租税政治と財政政策を研究していると，しばしば，租税負担が重い国には住まない方がよいという主張を耳にすることがある。そのような論者は，国家間の租税と政府支出の多様性は取引費用（トランスアクション・コスト）の高さによって生じるにすぎない，と主張する。すなわち，資本にとって，ある国から別の国へ移動することが難しければ，それに応じてそれぞれの政府の政策に違いが出ているだけだ，ということである。さらに，グローバル化が起こり，個人や資本を移動させるための取引費用が減少する結果，資本をめぐる競争が税負担水準を押し下げる，と主張される。すなわち，グローバル

化は，租税負担と財政支出を下げるような政治的圧力を政府にかけるに違いないという主張である。この議論は，政府の支出は非効率的であり，公共支出を減らすことが世界経済における競争力を増すことにつながるとする主張と実質的に合致する。

このように主張するのは米国の右派や共和党だけではない。ドイツの連邦首相であったヘルムート・コール（Helmut Kohl）も同様の見解を述べている。私は，ヨーロッパのさまざまな社会民主主義の指導者にインタビューしてきたが，コールはそれらの多くの人々と同じことをいった。つまり，「福祉国家はすばらしい考えです。しかし，一般大衆が理解していないのは，グローバル経済の中で競争力を高めるためには社会保障の負担を減らし，減税をする必要があるということです。」換言すれば，福祉国家のリーダーでさえ，国際的な競争のため，そしてグローバル化の進行のため，租税負担の引き下げが強制されており，その結果公共支出を減少せざるをえないという主張に同意しているのである。

さて，これが私たちの研究プロジェクトの起源である。私を含めて，多くの学者が「これらのインセンティブによって，大きな福祉国家は徴税と支出を減らすだろう」と予測した。しかし，国内総生産に対する割合で支出や租税が減少したことを示す証拠はまったくない。

われわれがグローバル化と呼ぶ時代――1990年からということにしよう――でさえ，ヨーロッパでは税収が増加しており，OECD加盟国全体の平均をとってみても，税収は増加している。過去10年間のいつを見るかによって異なるが，約2～4％の増加が見られる。そこでわれわれは謎にぶつかる。「何が起きているのか？」すべての経済学者がグローバル化及び国際的租税競争について考察した結果として同様の結論を得たのであれば，グローバル化が始まって10年間，誰もが予測に合致した実証結果を期待するはずである。ところが，現実はその予測が間違っていたことを示しているのである。

そのために私は現在の研究プロジェクトを開始した。あらゆる統計分析をおこなった結果として，経済の開放度，自由化政策の程度，そして租税政策の結

果の間には,因果関係がまったく見つからなかった。租税のタイプと自由化政策のタイプとの相関関係は存在する。しかし,われわれが予想していた結果は存在しなかった。そこで私は,非常に異なるタイプの国々の制度を比較検討すれば興味深い結論を得られるのではないかと考えた。そこで,現代世界においてスウェーデン,ドイツという租税負担も政府支出も非常に多い国と,米国,日本という租税負担も政府支出も非常に少ない国を調査することにした。

II なぜ租税の減収は起こらなかったのか
──国際競争への反応は国により異なる

　私はより詳細な観察によって,これらの国で租税の減収が起こらなかったか,その理由を詳しく説明していくが,あらかじめ結論をいえば,第一の理由は,資本をめぐる国際的な競争は21世紀初頭に国家群が直面している変数の一つにすぎない,ということである。私は,資本をめぐる国際的な競争が存在しないといっているのではない。事実それは重要な変数である。しかし,現代福祉国家が資本,高い収入,より高度に教育された労働力をめぐる競争に関して,国によって非常に異なる反応をしているのである。われわれは従来,どの国も,同じように反応すると予想していたが,実際には国際競争に対し,それぞれの国が異なるやり方で反応するのである。予想されていた結果が起こらなかった第二の理由は,資本をめぐる国際的な競争を展開している中でも,すべての現代福祉国家が,ある共通の問題に悩まされていることである。その問題とは,人口構成の高齢化である。投票に参加する高齢者が急増している中で,公共支出を削減することは政治的に非常に難しい。第三の理由は,すべての政府が国民からの信頼の低下に悩んでいることである。すべての先進国において,国民は20〜30年前に比べて政治指導者や官僚に信頼を置かなくなっている。

　これらは,現代民主主義国家が抱えている根本的な問題である。現代民主主義国家は国際競争及び人口統計学的問題に対処しながら,政府への国民の信頼を築こうとしている。そして,これらの問題は日本でも同様に,いや,おそら

く他の国よりもっと深刻である。

　この研究の過程におけるもう一つの興味深い発見は，研究対象である四カ国がこれらの難題に対して皆異なる対応をしていることである。この発見は，異なる制度，政策，政策の歴史が，異なる難題という結果を生む，もしくはそれぞれの国において難題の性質が違っている，ということを意味する。以下，内容を詳しく説明したい。

1　経済成長と租税負担

　第一の問題は，経済成長と租税負担との相関関係はあるかという点である。従来の予測によれば，経済成長率と租税負担率に因果関係があるはずであった。しかし，1990年から現在までの期間について，あらゆる角度から検討した結果，私は国内総生産の成長率と租税負担率，租税負担率の変化，そして分析可能な限りあらゆる項目について，因果関係を見つけることができなかった。

　結論として，経済成長と租税負担の間に因果関係は存在しない。たとえば，アイルランドは比較的低い租税負担の国であるとともに，経済が急速に成長している[1]。日本は非常に租税負担の低い国であるが，成長率も非常に低い。一方，1980年代には日本は非常に低い租税負担であるとともに経済が急成長する国であったが，アイルランドは非常に租税負担が低いのと同時に経済成長率も低い国であった。すなわち，租税負担の高い国では租税負担が低い国より経済成長が遅いというような単純な因果関係は統計的にも証明されていない。重要なのは租税制度と経済との関係が非常に複雑だということである。現代民主主義国家は租税競争，人口統計学的変化，そして政府への信頼の減少という三つの難題に直面しているからである。

---

1)　OECD諸国の税負担率（負担総額の対GDP比）と経済成長率の相関関係に関する統計分析による。1990〜1999年の経済成長率はアイルランドが7％弱（1位）で日本は1％台（両国とも税負担率は30％台前半であり，先進国中では低位に属する）となっており，1980〜1989年の経済成長率は日本が4％程度（2位）でアイルランドは3％程度（両国とも税負担率は25〜30％程度であり，先進国中では低位に属する）となっていた。

第6章　現代国家の変容と租税政策

　米国に本拠を置く多国籍企業に対する調査において，新しい海外投資をする際，どこに投資するかをどのように決定するか尋ねてみると[2]，市場成長の予測が最も重要であることがわかる。投資先の政府の租税政策も重要な変数であるが，さらに物価のコントロール，外国為替レート，自由競争，そして米国の租税政策を加えた六つが重要な要素項目である。これはいくつかの点で非常に意味がある。第一に，租税政策は重要である。第二に，しかしそれは重要な変数の一つにすぎない。政策決定者達はこのことを理解している。

　私は多国籍企業の幹部75人にインタビューして，「あなたがどの国に投資をするか決定する際に，その国の租税政策は重要ですか？」と質問した。例外なく同じ答えが返ってきました。「もちろん，われわれは租税負担について非常に注意しています。誰も高い税金を払いたくないですから。」それから私は租税政策の何が最も影響力が強いかを尋ねた。ここで答えはもっと複雑になる。私が聞いた最も一般的な答えは「限界税率です」というものであった。つまり，「もしある国の法人税の限界税率が非常に高い場合，またはある国の労働者達が非常に高い税率で租税を払わなければならない場合，われわれの会社は，その国に投資したくありません」との回答である。

　確かに世界中で限界税率は引き下げられている。日本では，1987年つまり約20年前の時点で，国税・地方税を合わせた所得税の最高限界税率は78％であった。それが現在は50％まで引き下げられている。日本政府がおこなったことは他のすべての国がおこなったのと同じことである。しかし，限界税率が平均税率や実効税率とは違うということを忘れてはならない。世界中の政策決定者達が理解するようになったことは，より低い限界税率でより多くの公共支出にあてるための税収を生み出すことができるということである。

　このことが最初に理解されたのは北欧においてである。たとえば，1980年代

---

[2]　「米国多国籍企業の投資先決定要因」を調査したところ，第1位「市場成長の予測」61％，第2位「政府の税制政策」60％，第3位「物価のコントロール」58％，第3位「為替の相場とコントロール」58％，第5位「競争」56％，第6位「米国の租税政策」53％，となっている。

のあるとき，スウェーデンの財務大臣が私に，限界税率を下げるため10年間戦ったと語った。その理由を尋ねると，彼は答えた。「簡単です。誰も最高限界税率では税金を払わない。金持ちが最高限界税率で税金を払わないことは誰でも知っています。」「そしてわれわれ社会民主党政権は，実現不可能な政策をおこないたくないのです。なぜなら，それは国民の政府に対する信頼を失わせることになりますから。」このように，左派から見ても高い限界税率は好ましくない。それは，限界税率が非常に高く，税制が複雑な場合，誰もが脱税するということを知っているからである。そして政府への信頼という社会民主主義者の目標を台無しにする結果になるからである。

　所得税の限界税率を見ると，近年，先進諸国における所得税の限界税率は下がり続けている[3]。しかし，所得税からの収入は一律に下がっているわけではない。事実，税収は極めて安定している。OECD加盟国の歳入統計を見ると，所得税だけをとっても，また租税と社会保障負担を合わせた総負担のGDP比は安定していることがわかる[4]。ただ一つの例外は社会保障負担であり，これは多くのOECD加盟国で増加している[5]。ただし，国によって相当の違いがある。たとえば，日本は1980年代末から急激に法人税率を引き下げたものの，1990年代中盤までは先進国の中でも最も法人税率の高い国の一つであった。この点については後にふれる。

　資本をめぐる競争はすべての近代国家において政策決定者達を駆り立てる影響力の強い変数であるが，競争にはさまざまなやり方がある。私の研究においてわかってきた最も興味深い点の一つはスウェーデン人の行動にある。日本に

---

[3] たとえば，1967年と1997年の個人所得税の最高限界税率を比較すると，イギリス△43%，米国△39%，スウェーデン△37%，ノルウェー△35%，ニュージーランド△27%，日本△25%など，各国とも低下している。

[4] OECD全体の平均で見ると，所得課税の対GDP比は，1990年13.0%⇒2000年13.3%⇒2005年13.0%と横ばいであり，租税と社会保障負担を合わせた総負担の対GDP比は1990年33.9%⇒2000年36.2%⇒2005年36.2%とむしろやや上昇している（OECD[2007b]pp.75−76, 79）。

[5] OECD全体の平均で見ると，社会保障負担の対GDP比は，1990年7.8%⇒2000年9.0%⇒2005年9.2%と推移している（Ibid., p.82）。

おいて租税・社会保障負担の対ＧＤＰ比は30％足らずであるが，スウェーデンのそれは50％を超えている[6]。1997年，スウェーデンで政権に復帰した社会民主党は，現在日本が直面しているのと非常によく似た大きな財政赤字を抱えていた。社会民主党政権は，経済を再び安定化するために増税しなければならないという課題を抱えており，実際に増税を実行した。その結果，スウェーデン政府はより大きな財政上の柔軟性を生み出し，政府はＩＴ技術のインフラ整備と教育への投資を拡大することができるようになった。これにより，資本はスウェーデンから流出するどころか，かえって流入してきた。換言すると，私を含めて研究者達が忘れていたのは，人々はいつも租税から逃れようとするものの，同時に租税によってものが買えるのだ，ということである。政府が租税による財源を賢く支出すれば，それを人的インフラである教育及び社会的インフラ整備に投資することができ，それは資本の側からの信頼を生み出すことができる。

　ますます競争が激化する国際経済において資本家が必要とするものの一つとして，高度に教育され，高度な柔軟性をもつ労働力がある。スウェーデン社会民主党のリーダー達はこれを理解しており，国際経済における彼らの競争戦略として世界で最も高度に教育を受け，柔軟性の高い労働力をもつことを重視したのである。この目標を達成するために，スウェーデンは限界税率を下げたが，歳入は増大した。スウェーデン首相の個人秘書は私に，「われわれはかつて，国際競争においては最も租税負担の低い国が勝つと思っていました。今我々は，税収を最も効率的に利用する国が勝つと信じています」と語ってくれた。彼にとって重要な問題は，人々が高い租税を払うか，低い租税を払うかではなく，それらの租税が政府によって賢く使われるかということなのである。

　私の友人であるボルボ・インターナショナルの経営者は，資本家としての彼の見方を説明してくれた。彼は米国に住んでいたが，家族と共にスウェーデン

---

[6] 租税・社会保障負担を合わせた総負担の対ＧＤＰ比を見ると，日本は1990年29.1％⇒2000年27.0％⇒2005年27.4％，スウェーデンは1990年52.7％⇒2000年52.6％⇒2005年50.7％と推移している（Ibid., pp.75－76）。

に戻った。そこで私は尋ねた。「なぜスウェーデンに戻ったのですか？　スウェーデンではあなたは非常に高い税金を払わなければなりません。あなたの収入の50％は税金に取られてしまいます。米国ならば，あなたが払う税金は収入の30％以下です。」彼は世界で最も柔軟性の高い資本家の１人であり，三つの言語を自由に操り，世界中どこでも住みたいところに住むことができる。彼は答えた。「簡単です。米国に住んでいた時，私は非常に安い税金を払っていた。しかし，私は子供を私立学校にやらなければならず（彼には子供が３人いました），彼らを大学にやるためにそれぞれの子に10万ドルを貯蓄しなければなりません。もし私が病気になったり怪我をしたりしたら，私は仕事を失い，貧しくなってしまいます。そのために私は収入の２～３割を退職後に備えて貯蓄しなければなりません。私がスウェーデンに戻れば，それらの理由で貯蓄をする必要が全くありません。子供達はただで大学に行くことができ，私の健康保険も無料，もし私が仕事中かプライベートで怪我をしたり病気になったりしても，私は自分の家とライフスタイルを維持することができます。」

　また，個人的なコストも重要である。彼は実際にコストと利益を計算したうえで，極めて高い収入を得ていたけれども，スウェーデンに帰る価値を認めたのである。彼は語った。「私の親戚はスウェーデンにいます。私はスウェーデン人です。スウェーデンにいればもっと快適に暮らせます。」実際に生涯収入を計算すれば，間違いなく米国に住んだほうが彼はもっと多くの金を貯めることができたであろう。しかし，人間として――経済学者のいう「人」は血の通った人間ではない――どこに住むか，自身の文化圏に住むこと，自身の属する社会に住むこと，快適に感じる所に住むことは非常に大切である。

　多国籍企業は，１人の取締役とその家族を引っ越させるのに平均25万ドルも払わなければならない。ある国から別の国への企業幹部の引越しコストが非常に高い理由の一つは，企業幹部も家族も動きたがらないからである。そのため，企業は彼らのインセンティブを増すために，非常に高いコストを払わざるをえない。租税政策や税率は変数の一つにすぎないのである。

2　高齢化と移民

　二つ目の変数は，人口統計学的な変化である。よく知られているように，日本では年齢階層別人口構成が大きく変化している。米国と日本に関する人口推計からわかるとおり[7]，ポイントは，日本では高齢化が著しく進行しているということである。すべての国が人口の高齢化問題に直面するが，問題はどの国も一様というわけではない。人口構成が多様であり，そのために財政問題が非常に異なった形で現れる理由，とくに日本においてどの国よりも少ない労働人口が大きな退職人口を養わなければならない理由はどこにあるのか，それがポイントである。

　それは，日本が移民をあまり受け入れない政策をとったからである。私はこのことについて善悪の評価をしている訳ではない。後にふれるように，実際には多くの移民を受け入れないことには合理的な面もある。ここで述べたいのは，ある時点における「移民を受け入れる，もしくは受け入れない」という政策が，別の時点における「高齢化の進行が遅い人口構成，高齢化の著しい人口構成」という相異を生み出し，それが選択可能な政策を限定する，という点である。興味深い例として，ドイツでは1998年から新しい傾向が見られる。ドイツに入ってくる人々よりも，出て行く人々のほうが多くなったのである。しかし，ドイツの人口構成は日本ほど極端ではない。それはドイツに流入する移民グループが拡大するからである。

　移民は子供を多くもつ傾向がある。それに対して，平均的な日本人，米国の白人，ドイツ人，スウェーデン人の家庭では，子供の数がとても少ない。子供を増やす方法の一つは，国に移民を受け入れることである。もちろん，移民を多く受け入れることは別の問題を発生させる。すなわち，文化が多様化し，政

7）　国連による年齢階層別人口構成の推計によれば，2025年には，米国は0〜14歳18.8％，15〜64歳63.4％，65歳以上17.8％となるが，日本は0〜14歳11.1％，15〜64歳59.5％，65歳以上29.5％となる（United Nations[2007]Panel 2：Detailed Data）。すなわち，米国は若年層ほど人口が多い構造をなお保つが，日本では高年齢層の人口が多く，低年齢層ほど人口が少ない構造になると予測されている。

治的な課題や問題が非常に異なった形で現れる。たとえば，スウェーデンでは現在，人口に占める移民の割合が非常に高く，8人に1人が国外で生まれた移民である。これはスウェーデンにとって非常に大きな人口の変化であり，そのために人口統計学的な現象としては，日本よりも高齢化が進んでいない。しかし，彼らは別の問題に悩んでいる。移民の大部分は文化の異なる地域の出身であり，非常に異なる価値観をもっている。そして典型的スウェーデン人がもつ福祉国家への信頼を保つためには，民族的多様性の増大にどのように対処するかという問題を避けて通れないのである。これが，かつて均質な文化であった社会が直面している課題である。

3 政府への信頼

三つ目の問題は，政府への信頼である。これはどの国にも共通することであるが，問題の性質は国によって異なる。スーザン・ファー（Susan J. Pharr）＝ロバート・パットナム（Robert D. Putnum）の研究によれば[8]，政治に信頼を置く国民の割合は，ドイツ69％，米国31％，日本27％である。彼らはスウェーデンを研究対象に含めていないものの，これまでの私の研究から，スウェーデンはドイツに非常に近いことがわかる。ここで強調したいのは，政府への信頼に関して，米国とドイツには非常に大きい差があり，その結果，米国，ドイツ政府はそれぞれ異なる政策の選択肢をもつということである。もし有権者が政府に高い信頼を抱いていれば，政府は国民に我慢を強いる政策を選択することができる。もし有権者が政府を信頼しなければ，政府は国民に対して負担の重い解決法をとることができない。

私の議論の要点は，過去の政策が将来の政策選択に影響を与える，ということである。米国は非常に社会性の弱い福祉支出，つまり民営の社会福祉支出をおこなっている。しかし問題なのは，米国において民営の社会福祉支出がスウェーデンやドイツと比べて非常に高い負担を強いることである。その政治的

---

[8] Pharr[2000]p.174.

結果として，人々は既に民営の社会福祉保険料を支払っているため，政府に対して再び社会福祉保険料の支払いをしたがらないのである。また，一般に無視されがちなことだが，社会福祉関連の支出水準が高い国において，政府は多くの人々を雇用している。スウェーデンでは現在，国民の62％が何らかの形で，つまり児童福祉手当や，住宅補助手当，社会福祉プログラム，もしくは政府雇用による給与などの形で，政府から支払いを受けている。これは非常に重要な政治的帰結をもたらす。国民の62％が政府から何らかの形で給付を受けている場合，誰かが「政府の支出はお金の無駄です」といえば，スウェーデンの人々は直ちに「私に支払われているお金は無駄ではありません。私はそのお金が必要です」と考える。そのため，巨大な福祉国家をもつことの政治的帰結として，福祉国家への人々の大きな，しかも安定した支持が生まれる。

　反対に，小さい福祉国家をもつことの政治的帰結は，人々が公共システムから民営システムへ流出するということである。その結果，公共システムへの信頼は減少する。スウェーデンに関して，「税金にはさまざまな使い道があります。もし福祉支出が増えるならば，または福祉支出がさまざまな分野に拡大されるならば，増税を望みますか？」と尋ねた世論調査がある。1981年から1997年までの間，大多数の人々はより多くの福祉支出のための増税を望んでおり，しかも1997年の方が1981年よりも支持が高い。グローバル化の時代に，スウェーデンの人々はより小さな政府ではなく，より大きな政府を望んでいるのである。

　また，政府の支出はどのような場合でも民間の支出に比べて非効率的か，という点にも疑問がある。たとえば，スウェーデン，ドイツ，米国及び日本における保健医療費支出を人口１人あたりに換算してみると，米国の支出が飛び抜けて多く，米国は日本，スウェーデン，そしてOECD加盟国平均の二倍以上も医療に支出している[9]。しかし，米国の保健医療費支出の見返りはよくない。

---

9) 2002年時点の人口１人あたり保健医療費(米ドル換算)は，OECD加盟国平均2,295ドル，スウェーデン2,595ドル，ドイツ2,916ドル，日本2,139ドルに対して，米国は5,287ドルである（OECD[2005]p.144）。

米国の民営医療保険システムは資源を効率的に利用していない。この制度にアクセスできる人にとってはとてもよいシステムであるが，アクセスできない人にとっては悪いシステムである。また，米国の医療システムは世界で最良のレベルにはあるが，スウェーデンのシステムもそれと同等のレベルにある。さらに，日本のシステムも含めて，各国のシステムは米国のシステムよりずっと安上がりなのである。

III　おわりに――日本への示唆

さて，これまでの分析は，日本に対してどのような示唆を与えるだろうか。まず，日本は世界でも異例な巨額の財政赤字と政府債務を抱えている。日本政府が税収を増大させなければならないのは明らかであり，この歴史的分岐点ともいえる現在，減税を主張するのは無分別なことである。日本はグローバル化する国際経済においてより効率的な資源の利用をするため，よりよい社会福祉制度を築くための税収を増やすべきである。所得税の課税ベースを比較してみると[10]，日本の所得税には非常に大きな非課税措置や控除がある。すべての課税可能な収入のうち，日本では27％にしか実際には課税されていない。ループホールが多いことで有名な米国でさえ，その数値は53％である。すなわち，米国の所得税の課税ベースは日本のほぼ2倍である。老人，専業主婦，扶養家族

---

[10]　個人所得税の課税ベースについて日米両国を比較した研究によると，家計部門の受取りの内訳は，米国（1996年）では，社会保障関係控除21.6％，各種所得控除21.4％，その他の非課税所得4.0％，課税対象所得53.2％であるが，日本（1997年）では，社会保障関係控除25.2％，各種所得控除31.7％，その他の非課税所得15.7％，課税対象所得27.4％となっている（森信［2002］30ページによる）。

[11]　個人所得税及び社会保障負担（被用者負担）を合わせた限界税率は，各国の労働者(夫婦共稼ぎ世帯で，一方が平均額の収入，他方が平均額の33％の収入を得ており，子供が2人いる場合を想定）について見ると，ドイツでは1997年51.86％⇒2006年51.97％，スウェーデンでは1997年35.72％⇒2006年51.60％，米国では1997年29.90％⇒2006年28.92％，日本では1997年17.95％⇒2006年21.35％と推移している（OECD［2007a］Taxing Wages-Comparative Tables）。

など，日本には多くの非課税項目，所得控除があるため，他国と比較すると限界税率がたいへん低い[11]。日本の財政政策に関して第一に提案すべきは，所得税の課税ベースを安定させること，すなわちより多くの税収を所得税から得ることである[12]。このためにはさまざまな要件がある。しかし，技術的な観点からいうと，それらはそれほど複雑なものではない。

ただし，政治的な視点から見ると問題はかなり異なる。日本が抱える致命的な問題は，政府への信頼の欠如である。私は日本で会った人達から次のようなことを何度も聞いた。「私は税金を払いたくありません。なぜなら税金は公共事業に使われるからです」。私が長崎に行ったとき，トンネルに次ぐトンネルを車で通り過ぎたが，どのトンネルにもまったく車が走っていなかった。私が「どうしてこんなにたくさんトンネルがあるのですか？」と尋ねると，同僚や友人は「これは政府の税金無駄使いの例です」と答えた。国民が不要と考えるものに政府が多額の税金をつぎ込めば，国民が政府の歳入を増やすことを望まないのは当然である。スウェーデンの例にあるとおり，もし教育のように国民が自ら恩恵を被ると思えるものに政府が支出すれば，政府に対する信頼は増し，それらのプログラムの資金を提供するため，国民は税金を払うことに前向きになる。

「グローバル・スタンダード」について指摘した最初のポイントに戻ると，「グローバル・スタンダード」について語る者は皆，実質的に，日本が米国のようになるべきだと主張している。もしすべての国において「グローバル・スタンダード」が適用されるべきであるというなら，すべての人々が同質であり，価値観のシステムがまったく同じということになる。

スウェーデン，ドイツ，米国に住んだ経験や日本に滞在した経験から私がいえるのは，人々は皆同質ではないということである。政治システムは，その国の市民がもつ根本的な価値観を反映する。もちろん，市民の選好や考え方が変化しないわけではない。そして現在の日本では，明らかに価値観が変化しつつ

---

12) OECDも，日本政府に対して，所得税の課税ベースを拡大すべきことを勧告した（OECD[2002]p.14）。

ある。しかし，どの国であれ，根本的に異なる価値観をもつ国のためにデザインされた公共政策を導入できる，もしくはしなければならない，と信じるのは誤りである。

(付記)　本章は，2003年1月15日に(財)自治体国際化協会においておこなった講演にもとづいて『地方財政』2003年4月号に掲載された講演録「近代国家の変遷」をベースとして，加筆・修正を施したものである。

〔参考文献〕
森信茂樹 [2002] 『わが国所得税課税ベースの研究』日本租税研究協会。
Organisation for Economic Co-operation and Development (OECD) [2002] *Economic Survey of Japan 2002*, Paris：OECD.
Organisation for Economic Co-operation and Development (OECD) [2005] *Health at a Glance：OECD Indicators 2005*, Paris：OECD.
Organisation for Economic Co-operation and Development (OECD) [2007a] *OECD Stat. Beta Version*, Paris：OECD, SourceOECD (December10).
　　http://stats.oecd.org/wbos/Default.aspx?usercontext=sourceoecd
Organisation for Economic Co-operation and Development (OECD) [2007b] *Revenue Statistics 1965−2006*, Paris：OECD.
Pharr, Susan J. [2000] "Official's Misconduct and Public Distrust：Japan and the Trilateral Democracies." in Susan J. Pharr and Robert D. Putnum (eds.), *Disaffected Democracies*, Princeton：Princeton University Press.
United Nations [2007] *World Population Prospects：The 2006 Revision, Population Database*, New York：United Nations, Department of Economics and Social Affairs, Population Division (March13).
　　http://esa.un.org/unpp/

人名索引

〔あ行〕

赤石孝次 …………………………164
飯尾潤 ……………………………159
石原慎太郎 ……………120-121, 141
植田和弘 …………………………138
大平正芳 …………………………46
オコンナー, J. ……………………5-6

〔か行〕

カーター, K. LeM. ………………31
カッツェンシュタイン, P. J.
　……………155-156, 158, 161-162
キャンベル, J. L. ………………3, 6, 154
クリントン, B. ………………73, 102, 104
クレティエン, J. ………………37, 81, 101
コール, H. ………………………19, 168
ゴルトシャイト, R. ………153-154, 165

〔さ行〕

サッチャー, M. ……………………18, 116
ジェヴォンズ, W. S. ………………147
シェフレ, A. E. ……………………165
シャウプ, C. S. ……………………10
シュメルダース, G. ………………154
シュワルツネッガー, A.
　………………………125-126, 146, 148
シュンペーター, J. A. ……4-5, 113, 154
スタインモ, S. ……4, 7-8, 15-16, 162, 167
スティグリッツ, J. E. ……………104
スレイマン, E. ……………………117
セーレン, K. ………………………162

〔た行〕

竹下登 ……………………………49
ディマジオ, P. J. …………………163

ドーア, J. …………………………125
ドッド, C. …………………………144
ドラッカー, P. ……………………116

〔な行〕

中曽根康弘 ………………………47, 49
ノーキスト, G. ……………………104
ノース, D. C. ……………………164

〔は行〕

ハーツ, L. …………………………98
ハーパー, S. …………………81-83, 101
羽田孜 ………………………55-56, 58
パットナム, R. D. …………………176
ハリントン, M. …………………17
バロゾ, J. M. ……………………130
平田敬一郎 ………………………11
ファー, S. J. ………………………176
福田康夫 …………………………146
ブッシュ, G. H. W. ……………71-73
ブッシュ, G. W. ……73-75, 77-80, 83, 87,
　　　　　　　　　　91, 104, 126-130,
　　　　　　　　　　135-136
フリードマン, T. …………………145
ブリューム, N. ……………………157
ブルームバーグ, M. ……120-121, 144, 148
ブロック, F. ………………………8
細川護熙 ………………52-53, 58, 158
ポラック, S. D. ……………………4
ボルカー, P. ………………………145

〔ま行〕

マーティン, P. ……………………38, 101
マスグレイブ, R. A. ………………5-6, 25
増田雅暢 …………………………159
マルルーニー, B. …………………37

181

マン,F.K. ……………………154
村山富市 …………………56,58
モロン,J.A. …………………99

〔ら行〕

ライシュ,R. ………………140

リプセット,S.M. ……………98-99
レーガン,R. ………………17,71,75
ローソン,N. ………………………18
ロッセ,M. ………………………135

事項索引

1971年税制改革(カナダ) ……………35-36
1981年税制改革(アメリカ) …………17, 71
1986年税制改革(アメリカ) ………17-18, 71
1987年税制改革(カナダ) ………………80
1990年税制改革(アメリカ) ……………71
1993年税制改革(アメリカ) ……………73
1997年減税(アメリカ) …………………73
2001年減税(アメリカ) ………73, 78, 98, 104
2003年減税(アメリカ) ……………73-74, 78

〔A～Z〕

CHT ……………………………………90-91
CST ……………………………………90-91
GST …29-30, 37-40, 59, 61, 80-82, 90, 93
HST ……………………………………29, 39-41
IMF ………………………………………76, 81
IPCC ……………114-115, 124, 139-140,
　　　　　　　　142-143, 145
OECD ………118-119, 145, 168, 172, 177

〔あ行〕

イギリスの税制改革 ………………18-19
一般売上税………25-26, 29-32, 34, 36-37,
　　　　　　　　39, 47, 59-61, 90
一般消費税……………9-11, 16, 42-48, 63
一般所得税………………………………8
移民 ………………………………175-176
インボイス(税額票)………29, 32, 37, 48-49
売上税………………………………48-49, 51
大きな州政府……………………………26
大きな政府 ……………………………70-71, 177
大蔵省 ……………………11, 46, 56, 62
卸売売上税……………………………31, 36-37

〔か行〕

カーター報告……………………31-36, 61, 100

外形標準課税……………………41-47, 54, 63-64
介護保険 ………………………………154-163
化石燃料………114, 116, 124, 127, 131, 133,
　　　　　　　135, 137-140, 146-148
カナダ歳入庁 ……………………………28, 89
環境省 …………………………………141
環境税 ……………116, 121, 141-142, 145
官僚 ……4, 101, 146, 154, 156, 159, 162, 169
基幹税(基幹税目)………9, 12-14, 16-17, 45
気候変動………………114, 116, 119-120, 122,
　　　　　　　　124-125, 132, 140,
　　　　　　　　144, 148
協調的連邦制 ………………155-156, 161
京都議定書 ……………………………126
共和党(アメリカ) ………………71, 87, 93, 102,
　　　　　　　　104, 120, 168
均衡予算………………………………86
グラム=ラドマン=ホリングス法………71
グローバル・スタンダード……91, 167, 179
グローバル化 ……………14-17, 167-168
ケインジアン……………………………75
限界税率 ……………………75, 171-173, 178
現金移転 ………………………………90-91
減税の「恒久化」……………74-75, 78-79
賢明な課税 ……………113, 118-119, 121-122
厚生省 …………………………………158-160
小売売上税………29-30, 32-36, 38-40,
　　　　　　　　78, 80, 90
合理的選択……………………………97, 162-164
高齢化 ……………52, 117, 142, 157, 161,
　　　　　　　　169, 175-176
国際エネルギー機関 ……………139, 148
国民国家 ………………………………13-14
国民福祉税 ……………………………53, 158
コミュニティ・チャージ ……………18-19
混雑税 …………………………………119

〔さ行〕

財源保障なき義務づけ……………………88
財産税(不動産税)………………25, 28, 102
再生可能エネルギー
　　　………………124, 127-129, 131-137,
　　　　　　　　　144-146, 148
財政再建………………46-47, 60, 70-71, 79,
　　　　　　　　　81, 83, 93
財政社会学 …………1-7, 153-155, 163-165
財政制度審議会……………………………46
財政調整制度…………62, 87, 90, 100, 156
財政連邦主義 ……………14, 26, 86, 91, 104
財務省(アメリカ)…………………………18
財務省(カナダ) …………………………35, 61
財務省(日本)…………………………62, 156
サプライサイダー…………………71, 75, 91
三位一体の改革……………………………58
事業税(法人事業税) ……41-45, 47-48, 51,
　　　　　　　　　53-54, 63-64
市場の失敗 …………………………113, 119
自治省………………………………56, 62, 64
資本統制……………………………………13
資本逃避 ……………………13-14, 16, 82
自民党 ………………………46-52, 145, 158, 160
自民党税制調査会………………………48, 50
シャウプ勧告 ………………………10-11, 41, 63
社会学的制度論 ……………………163, 165
社会政策………………………60, 81-82, 156, 161
社会党…………………………49, 55-56, 158, 160
社会民主主義 ……………100-101, 105, 168, 172
社会民主党(スウェーデン) ………172-173
州財政危機(アメリカ)……………………87
渋滞税 ……………………119-120, 122, 141
自由党(カナダ) ………35, 37, 40, 60, 81,
　　　　　　　　　93, 101-102
呪術的経済学………………………………75
準公的機関 …………………155-156, 158, 161
消費譲与税……………………………51-52, 57

消費税 ……………………33, 41, 47, 50-53,
　　　　　　　　　55-58, 118, 158
所得控除 ……………………36, 73, 77, 80, 102, 178
所得税(個人所得税)
　　　………………8-9, 11-14, 16-20, 25-30, 32-39,
　　　　　　　　　47-51, 58-61, 63-64, 71, 73, 75-
　　　　　　　　　78, 80-81, 83, 85, 87-88, 90, 118,
　　　　　　　　　171-172, 178-179
新自由主義
　　　………………74, 86, 92-94, 97, 102, 104-105,
　　　　　　　　　113, 118, 123, 153
新制度論 ……………………………163-164
新党さきがけ…………………………56, 158, 160
新民主党(カナダ) ……………………100-101
進歩保守党(カナダ) ……………31, 37, 102
頭脳流出……………………………………93
税額控除……………………29, 31, 34, 60, 73, 77,
　　　　　　　　　80-81, 89, 102
世紀の税制改革(スウェーデン) ……19-20
税源移譲………………………………58, 90
税源配分 ……………………25-26, 44-45, 59-60
政策ネットワーク ……………154-155, 162
「税制改革」の時代 ………………3, 7, 17, 21
製造者売上税 ……………………30-34, 36-37
政党 ………………………4, 154-156, 158, 162
政府税制調査会………42-45, 47-50, 52-55,
　　　　　　　　　57, 62-63
政府への信頼 ………169-170, 172, 176, 179
政府与党二元体制………………………159
セーフティ・ネット…………………………20
全国知事会 ……………………41, 44, 62-63
戦後税制………………………7-10, 13-17
戦後税制の動揺 ……………12-16, 20-21
戦時税制……………………………………7-8
前段階税額控除 ……………34, 37-38, 48, 50
相続税…………………20, 25, 36, 50, 73, 75-76, 104
総務省………………………………62, 64, 156
贈与税………………………………36, 50, 73
租税移転…………………………64, 90-91

184

事項索引

租税競争 ································168, 170
租税国家 ······················6, 113-114, 148
租税支出 ······································102
租税徴収協定···············28, 31, 60, 62, 89
租税負担率 ·······················10, 15-16, 21, 170

〔た行〕

代替エネルギー ············126, 130, 138, 141
大統領連邦税制改革諮問委員会 ······77-79
ダイナミック・スコアリング ·········75, 79
炭素税 ···························140-145, 147-148
小さな政府································70-71, 74, 177
地球温暖化 ············115, 117, 126, 135, 141
知識経済 ···························116-117, 122
地方交付税 ··············45, 48-49, 51-52, 58
地方消費税···········44-45, 48, 51-59, 63-64
地方制度調査会·······························45
地方政府················14, 25, 62, 87, 92, 121
地方分権推進委員会··························58
地方六団体·········45, 51, 52, 57-58, 62, 64
中位投票者 ·······················98, 103-104
中間団体 ···································155
帳簿方式(アカウント方式) ···43-44, 49-50
直接税中心主義·····························9-10
ドイツ財政学 ·······················153, 164-165
ドイツの税制改革····························19
道路特定財源 ······················123-124, 137

〔な行〕

日本経団連 ···························136, 145

〔は行〕

バイオ燃料 ······················129-130, 134
排出量取引 ·······················142, 144-145
非課税(所得課税における)
 ························73-74, 7-78, 81, 178
非課税(一般売上税における)
 ···················40, 42-43, 47-50, 54, 58

付加価値税
 ············11, 19-20, 25, 29-30, 34, 37-41,
        48-49, 54, 56, 63, 78, 80, 90
福祉国家············97, 101, 167-169, 176-177
負の外部性
 ············118-120, 122, 124-126, 130-131,
        133, 138, 141-142
富裕税··20
フランスの税制改革···························19
ブレトンウッズ体制ᐧᐧᐧᐧᐧᐧᐧᐧᐧᐧᐧᐧᐧᐧᐧᐧᐧᐧᐧᐧᐧᐧᐧᐧᐧ12-16
ブロック補助金·······················62, 104
平衡交付金 ······················62, 90, 104
包括的所得税 ···············31-32, 35-36, 100
法人税(法人所得税)
 ··········8-9, 12-14, 16-20, 25-28, 30-32,
        35-36, 38, 50, 62, 64, 71, 76-78,
        80-83, 87-88, 90, 102
方法論的個人主義 ···························164
ボーダレス化 ·································14-16
補完性原理 ······················156, 161, 164
北米自由貿易協定······························82
保守党(イギリス) ···························116
保守党(カナダ) ···············81-82, 93, 101

〔ま行〕

民営医療保険 ·································95, 177
民主党(アメリカ)········71, 73, 87, 102, 104
無産国家···5

〔ら行〕

累進性 ···························8, 12, 33, 60, 80
ループホール·····················12, 16, 71, 178
レイト··19
歴史主義 ·································163-164
歴史的制度論 ·······················4, 6, 161-163
連帯性原理 ···································161
連邦協議会 ··································61, 64
ローウェル=シロワ報告 ··················100
労働組合 ··101

185

執筆者紹介　（＊は編著者）

神野　直彦＊（じんの　なおひこ）
1946年生まれ。東京大学大学院経済学研究科教授
主要業績：『昭和財政史　昭和27～48年度－第3巻・予算(1)』（東洋経済新報社，1994年），『システム改革の政治経済学』（岩波書店，1998年），『財政学』（有斐閣，初版2002年，改訂版2007年），『人間回復の経済学』（岩波書店，2002年），『地域再生の経済学』（中央公論新社，2002年），『財政のしくみがわかる本』（岩波書店，2007年），『教育再生の条件』（岩波書店，2007年）等。

池上　岳彦＊（いけがみ　たけひこ）
1959年生まれ。立教大学経済学部教授
主要業績：『地方交付税　何が問題か』（共編著。東洋経済新報社，2003年），『分権化と地方財政』（岩波書店，2004年），『地方税制改革』（編著。ぎょうせい，2004年），『昭和財政史　昭和49～63年度－第2巻・予算』（共著。東洋経済新報社，2004年），『財政赤字の力学』（共編著。税務経理協会，2005年）等。

アンドリュー・デウィット（Andrew DeWit）
1959年生まれ。立教大学経済学部教授
主要業績："Equity and the Politics of Taxation in Japan," *Policy and Politics,* Vol. 30, No. 2, 2002, "Dry Rot," *Journal of the Asia Pacific Economy,* Vol. 7, No. 3, 2002, 『財政赤字の力学』（共編者。税務経理協会，2005年），『メディア危機』（共著。日本放送出版協会，2005年），『環境エネルギー革命』（共著。アスペクト，2007年）等。

佐々木伯朗（ささき　のりお）
1966年生まれ。東北大学大学院経済学研究科准教授
主要業績：*Essays on Fiscal Sociology*（共著。Peter Lang, 2005），"A Reexamination of Welfare States from an Institutional Perspective," *Journal of Economic Studies,* Vol. 33, Issue 3, 2006, 「福祉国家とサードセクター」『財政研究』第2巻，2006年，等。

スヴェン・スタインモ（Sven Steinmo）
1953年生まれ。ヨーロッパ大学機構政治・社会科学部教授（Professor, Department of Political and Social Sciences, European University Institute）
主要業績：*Structuring Politics*（共編著。Cambridge University Press, 1992），*Taxation and Democracy*（Yale University Press, 1993），*Tax Policy*（編著。Edward Elgar, 1998），*Restructuring the Welfare State*（共編著。Palgrave Macmillan, 2002），*Growing Apart?*（共編著。Cambridge University Press, 2008）等。

編著者との契約により検印省略

平成21年2月20日　初版第1刷発行

租税の財政社会学

編著者	神野　直彦
	池上　岳彦
発行者	大坪　嘉春
印刷所	税経印刷株式会社
製本所	株式会社　三森製本所

発行所　東京都新宿区　　株式　税務経理協会
　　　　下落合2丁目5番13号　会社
郵便番号 161-0033　振替 00190-2-187408　電話(03)3953-3301(編集部)
　　　　　　　　　FAX(03)3565-3391　　　(03)3953-3325(営業部)
URL http://www.zeikei.co.jp/
乱丁・落丁の場合はお取替えいたします。

ⓒ　神野直彦・池上岳彦　2009　　　　　　Printed in Japan

本書を無断で複写複製（コピー）することは、著作権法上の例外を除き、禁じられています。本書をコピーされる場合は、事前に日本複写権センター（JRRC）の許諾を受けてください。
JRRC(http://www.jrrc.or.jp　eメール:info@jrrc.or.jp　電話:03-3401-2382)

ISBN978-4-419-05196-9　C3033